新时代
大学生理想信念研究

蒙 丹 罗春秋 唐 林◎著

西南财经大学出版社

中国·成都

图书在版编目(CIP)数据

新时代大学生理想信念研究/蒙丹,罗春秋,唐林著.—成都:西南财经大学出版社,2022.12

ISBN 978-7-5504-5136-0

Ⅰ.①新… Ⅱ.①蒙…②罗…③唐… Ⅲ.①大学生—思想政治教育—研究—中国 Ⅳ.①G641

中国版本图书馆 CIP 数据核字(2021)第 227030 号

新时代大学生理想信念研究
XINSHIDAI DAXUESHENG LIXIANG XINNIAN YANJIU

蒙丹　罗春秋　唐林　著

责任编辑:杜显钰
责任校对:金欣蕾
封面设计:墨创文化
责任印制:朱曼丽

出版发行	西南财经大学出版社(四川省成都市光华村街55号)
网　　址	http://cbs.swufe.edu.cn
电子邮件	bookcj@swufe.edu.cn
邮政编码	610074
电　　话	028-87353785
照　　排	四川胜翔数码印务设计有限公司
印　　刷	郫县犀浦印刷厂
成品尺寸	170mm×240mm
印　　张	7.75
字　　数	142 千字
版　　次	2022 年 12 月第 1 版
印　　次	2022 年 12 月第 1 次印刷
书　　号	ISBN 978-7-5504-5136-0
定　　价	58.00 元

前言

　　新时代大学生理想信念研究是实现中华民族伟大复兴的时代课题，是高校思想政治教育的核心课题，也是大学生成长成才的突出课题。本书的研究坚持以理论为依据，以实践为基础，以教育为目的。以理论为依据，就是坚持以理想信念相关理论为指导，为高校开展新时代大学生理想信念教育拟定对策；以实践为基础，就是将具体的社会调查资料作为设计理想信念教育对策的立足点，着重研究大学生理想信念现状、理想信念形成影响因素；以教育为目的，就是最终将结论运用到新时代大学生理想信念教育实践中，进一步增强新时代大学生理想信念教育的有效性。

　　本书的研究着重考察中西方理想信念的发展历史、梳理马克思主义理想信念、展示大学生理想信念现状、分析影响大学生理想信念形成的若干因素、得出新时代大学生理想信念教育基本思路。本书的研究从以下六个方面展开：

　　第1章为绪论。本章指出了新时代大学生理想信念研究的意义，总结了理想、理想信念的有关概念等，梳理及评析了理想信念相关研究，说明了新时代大学生理想信念研究的基本思路、研究方法及创新之处。

　　第2章为理想信念历史考察。本章主要介绍了中国古代社会理想主要内容、中国古代道德理想主要内容、西方社会理想主要内容与西方道德理想主要内容。笔者在对古今中外的社会理想和道德理想的系统梳理中，得出人类历史上的理想信念经历了由低层次向高层次发展的阶梯式演进的结论。

第 3 章为马克思主义理想信念。本章主要介绍了马克思主义社会理想、马克思主义个人理想。

第 4 章为大学生理想信念现状。本章利用调查资料来研究大学生理想信念现状，展现了大学生的社会理想、个人理想的整体情况，深入分析了大学生在理想信念树立方面存在的问题。

第 5 章为影响大学生理想信念形成的若干因素。本章分别研究了环境因素、教育因素和自身因素对大学生确立理想信念所产生的影响，并运用 LISREL 软件构建了基于大学生理想信念形成影响因素的模型，分析了内在动力因素对大学生理想信念形成的影响程度，还运用 NVivo 质性分析软件对大学生理想信念形成影响因素进行质性分析。

第 6 章为新时代大学生理想信念教育基本思路。根据大学生理想信念现状、影响大学生理想信念形成的若干因素，笔者提出开展新时代大学生理想信念教育的基本思路：第一，优化新时代大学生理想信念教育环境，包括优化国内环境、优化高校文化环境、优化高校网络环境和优化家庭环境；第二，遵循新时代大学生理想信念教育原则，包括坚持主体性与针对性相统一、坚持长期性与近期性相统一、坚持先进性与广泛性相统一、坚持理论性与现实性相统一；第三，改善新时代大学生理想信念教育方法，包括将思想道德修养与法律基础教学作为重要渠道、与思想政治理论课教师的言传身教相结合、与大学生的内在需求相结合及与社会实践相结合。

本书由蒙丹执笔写作、罗春秋主审、唐林统稿。本书的结论不仅有助于在理论层面进一步推动新时代大学生理想信念相关研究的展开，促进思想政治教育学科的发展，而且有助于在实践层面增强新时代大学生理想信念教育的科学性和有效性。

作者

2022 年 10 月 1 日

目录

1　绪论

1.1　新时代大学生理想信念研究的意义

新时代大学生理想信念研究具有重要的意义与价值。新时代大学生理想信念研究是实现中华民族伟大复兴的时代课题，是高校思想政治教育的核心课题，是大学生成长成才的突出课题。

1.1.1　实现中华民族伟大复兴的时代课题

2019 年 4 月 30 日，习近平总书记在纪念五四运动 100 周年大会上的讲话中指出："第一，新时代中国青年要树立远大理想。青年的理想信念关乎国家未来。青年理想远大、信念坚定，是一个国家、一个民族无坚不摧的前进动力。青年志存高远，就能激发奋进潜力，青春岁月就不会像无舵之舟漂泊不定。正所谓'立志而圣则圣矣，立志而贤则贤矣'。青年的人生目标会有不同，职业选择也有差异，但只有把自己的小我融入祖国的大我、人民的大我之中，与时代同步伐、与人民共命运，才能更好实现人生价值、升华人生境界。离开了祖国需要、人民利益，任何孤芳自赏都会陷入越走越窄的狭小天地。新时代中国青年要树立对马克思主义的信仰、对中国特色社会主义的信念、对中华民族伟大复兴中国梦的信心，到人民群众中去，到新时代新天地中去，让理想信念在创业奋斗中升华，让青春在创新创造中闪光！"这说明，新时代大学生理想信念研究是实现中华民族伟大复兴的时代课题。

1.1.2 高校思想政治教育的核心课题

思想政治教育是指一定的阶级、政党、社会群体用一定的思想观念、政治观点、道德规范，对其成员施加有目的、有计划、有组织的影响，使他们形成符合自身发展需要的思想品德的社会实践活动[1]。

习近平总书记在 2016 年 12 月召开的全国高校思想政治工作会议上发表重要讲话，指出高校思想政治工作要"不断树立为共产主义远大理想和中国特色社会主义共同理想而奋斗的信念和信心"，还指出"用中国梦激扬青春梦，为学生点亮理想的灯、照亮前行的路，激励学生自觉把个人的理想追求融入国家和民族的事业中，勇做走在时代前列的奋进者、开拓者"。

《现代思想政治教育学》亦指出：理想信念教育是思想政治教育的核心。思想政治教育要适应新形势新变化新要求。高校应切实采取措施，加强理想信念教育，并把理想信念教育贯穿马克思主义理论教育、社会道德教育、爱国主义教育等多种教育的始终，渗透到学习、生活、工作中，使思想政治教育紧紧围绕我国的主导价值取向进行[2]。因此，新时代大学生理想信念研究是高校思想政治教育的核心课题。

1.1.3 大学生成长成才的突出课题

大学生是十分宝贵的人才资源，是祖国的未来、民族的希望。他们的理想信念是否坚定，直接关系党和人民事业的兴衰成败。

笔者通过 NVivo 质性分析软件对收集到的原始资料（攀枝花学院 2020 级 127 名大一新生在学习了一学期的思想道德修养与法律基础课程后，于期末写下了该门课程对自己的成长成才有何影响的文稿）进行分析，发现大部分同学不约而同地谈到自身为理想信念方面的问题所困惑，也认识到理想信念缺失会对自身的成长成才造成负面影响。同学们用到以下词句来形容自己理想信念缺失的状态："茫然"，"漠然"，"漆黑"，"矛盾"，"迷茫"，"无助"，"犹如一个迷路的孩子"，"笼罩在一片白雾中"，"不安与恐惧"，"呐喊"，"以前的凌云壮志好像都消失了"，"如同身在大海而看不到航标"，"仿佛一个丢失灵魂的孩子，茫然而又无助，失去了前进的动力"，"好像一叶漂泊在大海上、不知何去何从的扁舟"，"我好像进入了迷宫，既找不到出口，更无法弄清自己所处的位置"，"内心空荡荡的，没有前行的方向"等。大学生追求理想信念的诉求对我们加强新时代大学生理想信念研究提出了更高要求。加强新时代大学生理想信念研究能帮助大学生科学构筑精神支柱，满足成长成才的需要。因此，新时代大学生理想信念研究是大学生成长成才的突出课题。

1.2　理想与理想信念概述

1.2.1　理想概念与功能

"理想"源于希腊语 idea，在我国古代被称为"志"。中国著名哲学家、教育家冯友兰先生在他所写的《人生哲学》中认为：理想有二义，即最好至善之义和最高观念之义。著名哲学家、哲学史家、国学大师张岱年先生在系统考察了中国哲学史上的人生观之后指出：人生理想论是人生论的中心部分，是关于人生最高准则的理论。张岱年先生在《中国哲学大纲》一书中指出："人生之最高准则，可以名为'人生理想'。'理想'一词，乃中国过去哲学中所无有。将中国哲学家所讲的人生最高准则，名为理想，亦非完全恰适，但较易于理解。故今将中国古代关于人生最高准则的理论，称为人生理想论。人生理想论，实是中国哲学之核心部分。中国哲学在此方面的贡献，亦较大。"[3]

国外思想家对理想的理解与说法众多。例如，英国的罗素认为理想是一种理智的冲动；法国的丹纳认为理想是流露真心的美丽梦境；美国的丹汉姆认为理想是一种规范；而德国的康德认为理想是个体的理念，尼采认为理想是悲剧的开始，爱因斯坦则认为理想是纯粹的人性之一[4]。

恩格斯对人们在实践之前进行的头脑建构活动作了经典阐述。他说："外部世界对人的影响表现在人的头脑中，反映在人的头脑中，成为感觉、思想、动机、意志，总之，成为'理想的意图'，并且通过这种形态变成'理想的力量'。"根据恩格斯的这段论述，人们于实践之前在头脑中建构的图景，即是理想[5]。

目前，学术界对理想概念的探讨更加深入，学者从不同的角度阐释了理想概念。

伦理学和心理学层面的理想概念侧重于表明理想是一种想象。有学者提出，理想包括两方面的含义：一是根据客观事实产生的，与奋斗目标相联系的，有实现可能性的想象；二是符合愿望、使人满意的结果[6]。还有学者在此基础上强调，理想是一种追求真善美的想象：所谓理想，是指一种同奋斗目标相联系的、有实现可能性的想象，是主体所作的追求真善美的价值选择[7]。心理学对理想的解释是，理想是人对合乎客观规律的美好未来事物的想象[8]。

哲学层面的理想是指一种观念形态。有学者基于马克思主义哲学的基本范畴提出：理想是指从事实践活动的主体，以客观为依据，把事物发展的可能性与人们的需要结合起来所构想的关于未来的观念形态[9]。这包含三个基本条件："事物发展的可能性与人们的需要"是理想的根据，"关于未来"是理想的特定时间指向，"观念形态"是理想的特征和基本内容。

有学者强调，理想是一种意识形态，即理想是人们在客观现实基础上设计和形成的能满足人们需要的明确事物未来发展方向、目标和策略的社会意识形态，简而言之，理想是关于人或事物未来发展方向、目标和策略的意识形态[10]。

有学者从价值观的角度指出，理想是价值目标，即理想是人们根据事物发展的必然趋势和自己的需要、信念，通过想象确立的价值目标[11]。还有学者从世界观、人生观和价值观角度指出，理想是这三者在人生目标上的体现。人们对未来事物有依据的、合理的想象或期望，是人们的世界观、人生观和价值观在人生奋斗目标上的集中体现，因而可以说是人类精神生活的核心内容[12]。

无论理想是指想象、观念形态、意识形态还是价值目标，这些概念都包括如下关键含义：源于现实、合乎规律、需要、未来奋斗目标、"三观"的体现。

笔者认为，马克思主义理论研究和建设工程重点教材《思想道德与法治》中有关理想的定义比较全面和科学。理想是指人们在实践中形成的、有可能实现的、对未来社会和自身发展的向往和追求，是人们的世界观、人生观和价值观在奋斗目标上的集中体现[13]。在这个概念中，理想包含四个基本要素：在实践中形成，这是理想的出发点；向往和追求，这是理想的实质；有可能实现，这是理想的科学性所在；人们对未来社会和自身发展的形象化构想，这是理想的具体表现形态。

在此，我们有必要厘清信念、理想、理想信念及信仰的区别。

信念是认知、情感和意志的有机统一体，是人们在一定的认识基础上形成的对某种思想或事物坚定不移并身体力行的心理态度和精神状态。它的特征是稳定性、执着性和多样性。

理想与信念的区别在于：理想着重于想，信念着重于信。理想与信念的关系如下：信念是对理想的支持，是人们实现理想的强大动力；信念一旦形成，就会使人坚贞不渝、百折不挠地追求理想。在人的生命历程中，理想和信念总是如影随形、相互依存的。在很多情况下，理想亦是信念，信念亦是理想。当理想作为信念时，它是指人们确信的一种观点和主张；当信念作为理想时，它是指与奋斗目标相联系的一种向往和追求。理想是信念确立的根据和前提，信念则是理想实现的重要保障。理想重在说明人与奋斗目标之间的关系，主要是针对未来的，为人们的行动指明方向。信念重在说明人对事物、观念的看法和态度，主要是针对现在的，为人们的行动提供精神支持。

理想信念则属于精神生活的范畴，是指人们高度地信服和敬仰某个对象，并以之统领自己的精神生活，将其作为自己的精神寄托，形成矢志不渝、自觉追求的精神状态。理想信念体现了理想和信念这两个单独概念的辩证统一，而非两者的简单相加。理想是信念所指的对象，信念则是理想实现的保障。离开理想这个人们追求的目标，信念无从产生；离开信念这种对奋斗目标的执着向往和追求，理想难以实现。在此意义的基础上，理想和信念难以分割地联系在一起，因此人们将理想与信念合称理想信念。

信仰是指人们对某种理论、学说、主义信服和尊重，并把它作为自己的行为准则和活动指南，是信念最集中、最高层次的表现形式。一般说来，信仰可分为两种类型：一种是对虚幻世界的狂热崇拜，如信仰宗教；另一种是建立在实践基础上的，如信仰共产主义。

关于理想的功能，郑永廷教授在他的论文《现代社会理想的功能发展》中归纳得比较全面和科学。他在该文中指出，理想有导向功能、激励功能、凝聚功能、规范功能及调控功能。

①导向功能，是指理想在指导或引导人们的思想、行为方面的作用。理想之所以可以导向，是因为理想具有确信性、目的性的特点。②激励功能，是指理想对人们的思想、行为所产生的动力作用。③凝聚功能，是指共同的理想对人们的思想、行为所产生的吸引作用。④规范功能，是指理想所规定的方向、

目标本身就是一种原则，即方向性原则；也是一种规范，即原则性规范。⑤调控功能，主要是指理想对人们的思想、行为的调节、控制，如高层次理想对低层次理想的调适、指导[14]。

王玉樑在《论理想、信念、信仰和价值观》一文中也提到理想的导向功能、激励功能、凝聚功能、调控功能，此外还提到精神支柱功能、权衡功能、抚慰功能、承受功能，并指出理想、信念、信仰最重要的功能是精神支柱功能。邓小平同志说："在我们最困难的时期，共产主义的理想是我们的精神支柱，多少人牺牲就是为了实现这个理想。"[15]可见，精神支柱功能突出地表现为它能使人们经受住各种风险和困难的考验。此外，笔者认为理想还有提升功能和充实功能。

（1）提升功能

理想可以使人们提升精神境界、塑造高尚人格。人们的生活由物质生活与精神生活构成，两者是相辅相成、有机统一的，理想作为精神生活的核心内容，能引导人们不断地追求更高的人生目标，也就是说，如果一个人的理想越崇高、信念越坚定，那么其精神境界就会越崇高，人格修为就会越高尚。因此，在追求理想的过程中，我们要不断塑造自己、完善自己，让我们的人生价值得以提升。

（2）充实功能

理想具有充实人们内心的作用。它能将人的精神生活的各个方面统一起来，使人的内心世界成为一个健康有序的系统，让人们保持内心的充实和安宁，绿化心灵的荒漠，消除内心世界的空虚和迷茫。

1.2.2 理想信念本质特征

有学者认为，对理想的看法和评价就是理想观，理想与理想观是统一的、一致的，即一个人有什么样的理想观，他就会据此树立和追求相应的理想；反之，一个人有什么样的理想，他就会拥有与其理想相适应的理想观[16]。大学生的理想观是指大学生对理想所持的观点和态度[17]。

理想信念是人类特有的精神现象，是人的社会本质和主体性的鲜明表现，具体有如下本质特征：

（1）时代性与超前性的统一

一方面，理想信念作为人们对未来生活的向往和追求，是一定社会历史条件和经济政治关系的产物。理想信念的选择和确立又同一定的生产力发展水平相联系，受到一定的社会条件的制约，因而具有时代性。另一方面，理想信念并不是眼前的现实，而是个体对自我成长和社会发展前景的构想，是未来的现实。理想信念指向未来，以未来的发展为目标，因而具有超前性。可见，理想信念是时代性与超前性的统一。

（2）个体需要与社会需要的统一

理想信念表现为个体对人生目标的追求，反映了个体的需要。理想信念转化为现实的过程即自我需要得到满足的过程，因此理想信念有个体性特征。但是，个体自我需要的产生、满足是在一定的社会关系中实现的，受到一定的社会关系的影响和制约；一定的社会关系又为主体将理想信念转化为现实提供必要的支持，从这个角度讲，理想信念又反映了社会需要，具有社会性特征。可见，理想信念是个体需要和社会需要的统一，两者互为前提、相互依赖。

（3）可能性与现实性的统一

理想信念既然是人们对未来的向往和追求，就意味着它作为人们努力的目标，属于可能成为现实的预见。同时，这种可能并不来源于随心所欲的主观臆断，而建立在对客观规律的正确认识的基础上。只有充分反映事物发展客观规律、预见事物发展未来方向的目标，才属于理想信念的范畴。综上，理想信念建立在对客观规律的正确认识的基础上，有实现的可能，充分体现了可能性与现实性的统一。

（4）理想信念是合规律性和合目的性的统一

理想信念是合规律性的。人们只有全面洞察事物发展规律、准确把握事物发展趋势，才可能将理想信念转化为现实，违背客观规律的设想只能是空想。因此，理想信念是对客观规律的反映，是对必然性的正确认识，具有合规律性的特征。与此同时，理想信念是合目的性的。理想信念是人们的一种目的性需求。人们的需求是多方面的，有物质层面的需求也有精神层面的需求，有最低层次的需求也有最高层次的需求。因此，能否满足主体多方面的需求、能否达到主体多方面的目的，就成为主体在确立理想信念时要考虑的因素，理想信念也就成为人们的一种目的性需求，表现出合目的性的特征。可见，理想信念是合规律性和合目的性的统一。

1.2.3 理想结构系统

理想结构系统包括理想形态结构系统、理想层次结构系统和理想内在结构系统。

（1）理想形态结构系统

按性质的不同划分，理想有科学理想和非科学理想。科学理想是指符合事物发展客观规律、反映人民群众根本利益的理想，非科学理想是指不符合事物发展客观规律、违背人民群众根本利益的理想。

按层次的不同划分，理想有崇高理想和一般理想。崇高理想是指不谋求个人或小家庭的狭隘私利，而争取国家、集体、人民乃至全人类的共同利益的理想；一般理想是指追求个人的物质享受和精神满足的理想。

按时间的长短不同划分，理想有远期理想和近期理想。远期理想是指对远期未来的追求，是一个人或一个社会在较长时期内所要达成的目标，也是这个人或这个社会的最高理想；近期理想，顾名思义，是指对近期未来的追求，是一个人或一个社会在近期所要达成的目标。

按内容的不同划分，理想有政治理想、道德理想、职业理想与生活理想。其中，政治理想是指人们对未来的社会制度和政治结构的追求、向往和设想；道德理想反映的是人们的道德生活需要，是指人们在道德生活中对理想人格和期望目标的向往和追求；职业理想反映的是人们的职业生活需要，是指人们对未来职业的工作岗位、工作部门、工作种类及工作成就的向往和追求；生活理想反映的是个人的生活需要，是指人们对未来的物质生活、精神生活、文化生活等的向往和追求，它包括人们对吃穿用住、婚姻、家庭等方面的构想。

（2）理想层次结构系统

在理想层次结构系统中，理想分为个人理想和社会理想。个人理想是指单个人对未来事物的想象、希望及追求，是世界观、人生观、价值观在奋斗目标上的集中体现，包括道德、职业、生活等方面；社会理想反映的是人们的社会生活需要，是处在一定历史环境中的社会全体人员里占主导地位的共同奋斗目标，它包括对社会生产力发展水平、社会生产关系类型、政治制度、社会文化道德水平等方面的设想。在我国，中国特色社会主义共同理想和共产主义远大理想是我们的社会理想。共同理想是指在一定的历史时期内，人们共同的向往和追求。实现共同理想是实现远大理想的必经阶段，实现远大理想是实现共同理想的终极目标。中国特色社会主义共同理想是社会主义核心价值体系的基本内容之一，即坚定对中国共产党的信任，坚定走中国特色社会主义道路，坚定实现中华民族的伟大复兴。

个人理想与社会理想的关系如下：两者相互依赖、相互渗透、相互制约，是辩证统一的。

一方面，社会理想决定和制约着个人理想，个人理想服从社会理想。社会理想处于最高层次，反映着人们的社会生活需要，建构于人们对人生与社会的统一理解的基础之上，蕴含着人生的最高价值，因而是理想的核心，起着主导和支配的作用，决定着其他较低层次理想的性质和发展方向，并把它们有机地结合、统一起来。这具体表现为：其一，社会理想决定个人理想的选择。社会理想追求的是整个国家、民族乃至全人类的根本利益，内含各社会成员所追求的利益，对个人的生活追求、职业选择、道德素质提升起着指导和支配作用。因此，个人理想的确立离不开社会理想的指导。其二，社会理想制约个人理想的实现。个人理想的实现必须以社会理想的实现为前提，离开了社会理想的实现，个人理想的实现就没有了保证。

另一方面，个人理想体现着社会理想，社会理想的实现有赖于个人理想的树立。这是因为：其一，个人是社会的必要组成部分，社会是人的社会，人是社会的主体，社会理想的实现依赖全体社会成员的艰苦奋斗、共同努力。其二，个人理想是社会理想的具体表现。个人理想虽然在内容、形式上千差万别，但总是在一定的社会历史条件下确立和实现的，总要受到社会发展客观规律的制约。

我们要防止两种倾向：一是只讲社会理想，不讲个人理想；二是只讲个人理想，不讲社会理想。在个人理想和社会理想发生冲突的时候，我们应以社会需要为重，使个人理想服从社会理想。

（3）理想内在结构系统

关于理想内在结构系统，荆品娥在她的文章《论理想结构的要素》中讲得比较详细。该文章根据系统论的基本规律和结构方法的要求，揭示了理想系统的内部状态，指出理想作为一个精神系统有一定的结构。荆品娥提出，理想系统由七个基本系统构成：目的系统、情感系统、认知系统、意志系统、材料系统、动力系统和导向系统[18]。

笔者认为，以上七个基本系统在内容上有所交叉和重复，因此按照一定的联系方式、组织秩序、作用原理将理想内在结构系统归纳为三个组成部分：认知系统、动力系统及目的系统。理想内在结构系统如图 1-1 所示。

图 1-1　理想内在结构系统

（1）认知系统的运作与联动建构未来理想世界

认知系统是指人们在建构未来理想世界的活动和过程中所使用的，由各种认知要素，如认识、知识、观念等构成的有机整体。建构未来理想世界必须反思过去、观照现在、瞻望未来。对历史的把握、对现实的批判、对未来的构想，都离不开人的认知系统。

（2）动力系统促使人们树立理想、实现理想

动力系统是指促使人们树立理想与实现理想的系统，是激起、推动人们为实现理想而开展活动的各种心理要素的有机统一体。动力系统的构成要素包括需要要素、情感要素和意志要素等。

①需要要素是动力系统形成的初始动因。需要是主体对关系自身生存与发展的一切条件的依赖、指向和等待，是人们的客观需求。人们要生存和发展，就必须从自然和社会中获得一定的条件，从而满足自身的需要。因而，需要是人们开展一切社会活动的前提。需要是理想树立的基础和根据。需要是主体在生活中感到某种欠缺而力求获得满足的心理状态，它是客观需求（生理需求和社会需求）在头脑中的反映。形成需要必须具备两个条件：一是主体感到欠缺某种东西，二是主体期望得到某种东西。需要就是这两种感受状态所形成的一种心理现象。人们总是期待得到某种东西，以弥补感到的欠缺，因而需要是有一定客观对象的。理想目标是人们主观上认为的最能满足需要的未来客观对象。人们需要理想，是因为理想具有特殊的精神价值。理想对人们满足需要具有重大意义。

②情感要素是动力系统的关键所在。情感要素具有动力功能，是指人的情感对理想的实现具有巨大推动作用。情感能够激励人们的行为，提高人们的活

动效率，对活动的开展起着推动作用[19]。积极的、肯定性质的情感，可以助推人们的理想活动；消极的、否定性质的情感，可能阻碍人们的理想活动。稳定的情感能增强理想活动的积极性、创造性，提高理想树立的效率；不稳定的情感会减弱理想活动的积极性、创造性，降低理想树立的效率。不同的情感体验形式、不同的情感内容，会对人们的理想活动产生不同的影响。

③意志要素是动力系统的支柱。意志要素是理想实现的保证。它不仅可以规范人的认知活动，使其利用一种有益于巩固和强化理想的认识来指导行为，而且可以规范人的感情，使主体增强内在自制力。意志对行动的影响包含推动和制止两个方面：前者是指意志推动人们为达到预定目的而采取必需的行动，后者是指意志制止不利于预定目的实现的行动[20]。苏联心理学家彼得罗夫斯基在《普通心理学》一书中指出：意志是人的积极性的特殊形式，它以调节自己的行为、抑制其他一系列的意图和动机为前提，根据自觉提出的目的预先规定一系列不同行动[21]。可见意志在实现理想的过程中所起的推动、抑制、监督、调节作用是非常明显的。

（3）目的系统是理想的中心内容

人们的行为是有目的的，而理想就是人们在社会活动中所预设并努力期求达到的境界、取得的成果或实现的目标。人们追求的各种类型的理想都属于目的系统的内容。"理想是属于未来的，是为了开创未来的。"[22]理想不是一个实然范畴，而是一个应然范畴，是对特定对象未来状态应当如何的一种预测、期望和设想。

理想内在结构系统的三个组成部分：认知系统、动力系统及目的系统是一个有机整体，它们相互联系、相互依存、相互促进，缺一不可，形成整体效应。

1.3　理想信念相关研究及评析

理想信念相关研究是指关于理想、理想信念及理想教育的研究。理想信念相关研究一直是国内思想政治教育研究领域的一个热点问题。理想信念相关研究的著作和论文历来较多。笔者根据收集到的资料，首先回顾中华人民共和国成立以来我国理想信念相关研究历程，其次总结和评价理想信念相关研究成果与问题，最后展望理想信念相关研究发展趋势。

笔者根据研究的深入情况及不同的历史背景，将我国学术界理想信念相关研究历程划分为四个阶段：起步时期（1949—1977年）、探索时期（1978—1990年）、全面展开时期（1991—2003年）、系统研究时期（2004年至今）。

1.3.1　起步时期（1949—1977年）

总体来看，这一阶段历时较长，理想信念相关研究较少，处在蹒跚学步状态。中华人民共和国刚刚建立，在新生的社会主义制度下，对我们的理想是什么、如何发挥理想的作用等问题，人们都不太清楚。这一时期，文章大部分侧重于宣传共产主义远大理想和社会主义理想，尤其重视宣传共产主义远大理想。其间，"文化大革命"历史时期，人们对共产主义理想信仰的狂热和盲目崇拜，使真正的研究趋于中断。因此，在起步时期，理想信念相关研究的总体态势是在曲折中逐步前进的。对这一阶段的理想信念相关研究，笔者在中国知网（CNKI）上搜索到文章19篇，其中大部分刊登在《前线》杂志上。理想信念相关研究内容主要包括以下几个方面：第一，大部分文章倾向于重点介绍、大力宣传共产主义远大理想，如《我们的理想》《我们的理想是什么》《第二讲党的最高理想和现阶段的任务》《理想在我们两只手上》《驯服的工具和伟大的理想》《理想的旗帜》《我们的理想是共产主义》等；第二，有专门针对特定对象的理想教育文章，如《加强对学生的革命理想教育》《共青团员要有远大的理想》等；第三，有将理想融入文化宣传的文章，如《唐代某些知识分子隐逸求仙的政治目的——兼论李白的政治理想和从政途径》《让工农兵新英雄形象放射理想光辉——华北区话剧歌剧观摩演出会学习札记》《立共产主义理想做继续革命战士——革命样板戏〈龙江颂〉学习札记》《努力展现英雄人物的革命理想——革命样板戏学习札记》等。

1.3.2　探索时期（1978—1990年）

1978年，中国共产党第十一届中央委员会第三次全体会议在北京召开，会议冲破长期"左"的错误和严重束缚，彻底否定"两个凡是"的错误方针，高度评价了关于真理标准问题的讨论，重新确立了党的实事求是的思想路线，决定将全党的工作重点和全国人民的注意力转移到社会主义现代化建设上，提出了改革开放的任务。从此，我国的思想政治教育实现历史性转折，崇高理想的宣传大范围铺开。1986 年，中国共产党第十二届中央委员会第六次全体会议在北京召开，通过《中共中央关于社会主义精神文明建设指导方针的决议》。该决议既是新的历史时期加强我国社会主义精神文明建设的纲领性文献，也是党的思想政治工作的重要指导文件。该决议指出："培育有理想、有道德、有文化、有纪律的社会主义公民，提高整个中华民族的思想道德素质和科学文化素质……建设有中国特色的社会主义，把我国建设成为高度文明、高度民主的社会主义现代化国家，这就是现阶段我国各族人民的共同理想。"这一阶段，思想政治教育轰轰烈烈地宣传共产主义远大理想和社会主义共同理想，号召人们树立崇高的理想信念。

而在这一时期，理想信念相关研究处于探索阶段，研究程度不深。在理想信念相关研究的文献中，研究理想问题的文章所占的比重最大，系统论述理想的书籍也开始出现，这些文章和著作对理想的概念、内涵、内部结构、层次、地位、作用、模式、理想与现实的关系等进行了初步考察和界定，也有学者从伦理学和心理学角度研究理想相关问题。理想方面的调查研究比较少，最早开始于心理学领域，随后针对大学生、中学生等的职业理想调查研究得到推广。这个阶段的研究特点具体如下：

（1）著作强调宣传功能

大部分著作侧重于宣传共产主义远大理想和社会主义共同理想，如陶铸的《理想·情操·精神生活》、余心言的《论理想和纪律教育》和《科学·信仰·道德》、杨宗佑的《人生·理想·信仰》、中华全国总工会宣教部和中共中央宣传部宣传局的《人生理想二十讲》、卢之超的《理想纪律二十讲》、张庆远的《和青年朋友谈理想》、肖子辉的《和青年同学谈理想》、景蔚的《共产党员的理想情操》；也有针对学生理想和道德教育的，如汪幼芳和朱本的《理想与道德教育》；还有记录理想方面的名人名言的，何洪楚的《中外名人谈理想》。这一时期出现了系统论述理想的书籍和文章，如张志国的《理想论——中外名人名篇荟萃》、马嵩山的《理想论》、王喜荣和张晋昌的《理想教育概论》、宋长生的《职业理想导论》，但是这些著作的观点还不太成熟；还出现了研究理想与现实关系的书籍和文章，如齐振海和李春秋的《理想与实践》、胡潇的《理想与现实的沉思》、周中之的《理想与现实的冲突》。值得一提的是周中之教授的《理想与现实的冲突》，该书将理论与实际相结合，抓住理想思考中的一些突出问题，从伦理学、哲学、美学、中西文化比较方面，多视角、多侧面地进行阐述，理论有深度，可读性比较强。

（2）论文注重探讨基本问题、教育对策，从多学科角度开展研究

在这一时期，理想信念相关研究的期刊论文有 385 篇，研究重点包括以下三个方面：一是研究理想的概念、内涵、内部结构、层次、地位、作用、模式等基本问题，这方面的文章占 50% 以上。二是研究理想问题的教育对策，这方面的论文也比较多。三是从多学科角度出发进行研究。在发表的论文中，有从伦理学角度研究理想的，如唐凯麟的《对理想和道德关系的伦理思考》；有从心理学角度研究理想的，如范有祥的《青少年儿童理想形成的追踪研究》，尹继佐的《理想教育与心理引导》，青少年理想、动机、兴趣研究协作组的《国内十省市在校青少年理想、动机和兴趣的研究》，李永鹏的《我国心理学界对青少年理想的研究》等。这些论文重在研究学习动机与理想之间的相关性、青少年儿童的理想形成过程和趋势、影响人们形成理想的心理机制、理想的构成因素等方面，并取得了丰硕的成果。

1.3.3　全面展开时期（1991—2003 年）

1996 年，中国共产党第十四届中央委员会第六次全体会议通过了《中共中央关于加强社会主义精神文明建设若干重要问题的决议》。该决议提道："今后十五年，我国社会主义精神文明建设的主要目标是：在全民族牢固树立建设有中国特色社会主义的共同理想，牢固树立坚持党的基本路线不动摇的坚定信念；实现以思想道德修养、科学教育水平、民主法制观念为主要内容的公民素质的显著提高，实现以积极健康、丰富多彩、服务人民为主要要求的文化生活质量的显著提高，实现以社会风气、公共秩序、生活环境为主要标志的城乡文明程度的显著提高；全国范围形成物质文明建设和精神文明建设协调发展的良好局面。"2000 年，江泽民同志在中央思想政治工作会议上的讲话中指出："要紧密结合干部群众在思想认识和工作生活中产生的新问题，突出加强理想信念教育，不断增强全体人民的凝聚力。理想信念教育，是党的思想政治工作的核心内容。只有在全党同志和全体人民中牢固确立正确的理想信念，才能不

断增加凝聚力和战斗力，我们的事业才能不断取得成功。理想信念教育，必须紧密结合干部群众的思想实际，有的放矢，对症下药，不能照本宣科，空喊口号。"在这样的背景下，理想信念相关研究掀起高潮，论文和著作大量涌现。2001年，中国加入世界贸易组织（WTO），这是中国深度参与经济全球化的里程碑，标志着中国的改革开放进入历史新阶段。在社会矛盾错综交织、各种思潮相互激荡的时代背景下，理想信念教育也面临着巨大挑战，学者对理想信念问题给予了极大的关注。

在这一阶段，理想信念相关研究主要围绕社会主义市场经济体制、共产主义远大理想、"四有"新人培养等重点议题展开，注重先进性和广泛性的结合。理想信念相关研究更加系统、深入，研究视野更加开阔，如从哲学、文学、人类学、心理学的角度展开研究；调查研究的对象更加广泛，如大学生、农民、党员等；研究内容比较丰富，但研究理想问题、教育对策的居多；专门研究共产主义信仰、共同理想、道德理想、生活理想、消费理想、人格理想、职业理想、理想形成规律、理想教育和道德教育关系的专著或论文不断涌现，伟人理想观方面的研究也取得了一定成果；虽然大部分文章采用经验或理论研究方法，但采用实证研究方法的文章开始增多。这个阶段的研究特点具体如下：

（1）著作注重构建体系、丰富内容

在这一时期，除了宣传理想的著作之外，如周大仁、余士珍和赵诗清的《树立共产主义远大理想》、曹阳和张冰的《新世纪共产党员理想信念教育讲话》等，还出现了更加系统地研究理想教育的著作，如彭定光的《理想论》、冯天策的《信仰导论》。

有的著作对共产主义远大理想、社会主义共同理想的科学性、重要性及内在规律进行了比较深入的研究。例如，叶泽雄的《社会理想论》从消除社会理想信念的种种误区入手，从历史唯物主义的角度，全面、准确地界定社会理想，提出研究社会理想问题的基本思路和主要方法，从人类学、社会学、历史学等视角探究社会理想的形成基础，进而在历史与逻辑的统一中考察社会理想形态的历史演变，概括社会理想的特点，提出社会理想的合理性及树立原则，建构了一个比较完整的社会理想理论体系。又如，刘建军的《马克思主义信仰论》对共产主义的理论及实践证明、理想与宗教的区别、信仰者及组织和信仰的作用等进行了深入论证，并提出在新世纪强化马克思主义信仰的建议与对策。再如，姚亚平的《社会精神资源的整合与开发：论当代中国社会的共同理想》论述了共同理想的科学内涵、形成条件、产生背景和基本功能，分析了当代中国构筑共同理想的现实必要性，探讨了共同理想形成过程中的领导权威和权力运作问题，阐释了行政权力弱化形势对形成共同理想的意义与阻力，强调了在构筑共同理想的过程中，国家与社会良性互动的重要性，说明了理想与利益的辩证关系，论证了共同理想的构筑是一个民众参与、互动的过程。

理想信念相关研究的内容也非常丰富。有的侧重研究现实问题中的道德理想，如周中之的《道德理想与现时代》；有的着眼理想教育的学理研究和规律探索，如王南方的《理想教育研究》；有的采取专题研究的方式，对宗教信仰与道德教育、政治信仰与道德教育、人生信仰与道德教育三个方面进行研究，如檀传宝的《信仰教育与道德教育》；有的从"三观"的角度探讨理想信念问题，如罗国杰的《理想信念与"三观"建设》、王玉樑的《理想·信念·信仰与价值观》、陈立思的《新世纪中国共产党人的世界观、人生观、价值观》；还有的从哲学与文化的理论视角研究理想或信仰问题，如李少军的《理想论：对一个马克思主义哲学范畴的研究》、荆学民的《人类信仰论》、张锡金的《人生哲语：信仰说》。

（2）论文内容更加细化、研究视角更加广阔

在检索到的这个阶段的448篇论文中，理想信念问题对策研究还是居多，仅硕士论文就有9篇，如邓洁琼的《当代大学生社会理想现状分析与教育对策》、郝德新的《关于新时期理想信念教育的思考》、杜菊辉的《当代大学生理想信念教育探析》等。

深入探讨的研究成果增多，使研究内容更加细化。专门研究道德理想、生活理想、人格理想及伟人理想观等的论文逐渐增多。有的从观念体系的构建出发研究道德理想，如顾丹丹的《论道德信仰与重建》、王宏维的《论道德理想与道德典范》；有的关注生活理想的形成与发展规律，如陈迹的《青少年生活思想的形成与教育研究》；有的侧重研究人格理想，提高人们的心理健康素质，如侯阿冰的《云南大学生人格理想探索性研究》；有的专门研究伟人的理想观，其中大部分研究的是邓小平和毛泽东的理想观，有小部分研究的是其他伟人的理想观，如王成光的《论苏格拉底的人生理想教育》、潘一禾的《从〈理想国〉看柏拉图的理想教育观》；还有的建议在哲学课程中增加理想教育，

如黄爱宝的《"马克思主义哲学原理"课中的大学生理想信念教育》、张澎军的《论哲学教育与理想信念教育》。大部分文章采用经验或理论研究方法，但是采用调查研究方法的文章有所增加，调查研究的内容更加丰富，涉及理想现状、生活理想、消费理想、人格理想、职业理想、理想信念教育、信仰教育等。

在这个阶段，理想信念相关研究的视角更加广阔。有的论文从人学的视角研究理想问题，如徐志坚的《理想问题的人学思索：立足马克思主义人学的基点》，该文对理想与人的关系、理想与现实的关系、理想的冲突与整合、理想的重构思路等进行了理论梳理和现实考察；还有的论文对理想与网络、金钱、创新人才等的关系进行研究，如张永红的《网络时代大学生理想信念教育初探》、朱喜坤和范笑仙的《论理想教育中的心理引导问题》、高全仁的《试论理想与金钱的关系》、巩洁群的《理想教育与创新人才的培养》。

1.3.4　系统研究时期（2004年至今）

2004年，中共中央、国务院下发《关于进一步加强和改进大学生思想政治教育的意见》，明确指出：加强和改进大学生思想政治教育的主要任务，一是以理想信念教育为核心，深入进行树立正确的世界观、人生观和价值观教育。2007年，党的十七大报告提出："加强党员、干部理想信念教育和思想道德建设，使广大党员、干部成为实践社会主义核心价值体系的模范，做共产主义远大理想和中国特色社会主义共同理想的坚定信仰者、科学发展观的忠实执行者、社会主义荣辱观的自觉实践者、社会和谐的积极促进者。……要巩固马克思主义指导地位，坚持不懈地用马克思主义中国化最新成果武装全党、教育人民，用中国特色社会主义共同理想凝聚力量，用以爱国主义为核心的民族精神和以改革创新为核心的时代精神鼓舞斗志，用社会主义荣辱观引领风尚，巩固全党全国各族人民团结奋斗的共同思想基础。"这些深刻论断、大政方针的提出，有力应对了国际社会各种文化思潮的冲击，弱化了市场经济的趋利性，把人们的思想、观念引向健康向上的轨道。

这一时期，理想信念相关研究与中国特色社会主义共同理想、社会主义核心价值体系、社会主义荣辱观、和谐社会、党的先进性及市场经济相联系。理想教育体系的构建基本完成，理想教育更加细化和深入，学术界开始重视个人理想研究，大部分学者侧重于关注大学生的理想现状，专门研究理想的功能、规律、载体的著作与论文大量出现，理想教育与创业教育等的交叉研究进一步展开，推动理想信念相关研究迈入新的发展阶段。这一阶段的研究特点具体如下：

（1）著作更有深度，论述系统深入

在这一时期，理想信念的深入研究继续展开，如荆品娥的《科学理想通论》系统地介绍了科学理论，多角度地说明了理想系统的构成要素、功能及优化方式，以及理想价值提升等内容；张清明和何孔顺的《理想教育与理想实践》以共产主义理想教育为基础，以理想、理想价值、理想教育、理想实践为逻辑线索，从理论层面构建理想教育体系，是一本有关理想教育体系构建的比较完善的著作。此外，还有比较系统地对当代大学生理想问题进行分析的著作，如李琦的《青年的理想与信仰》、朱炎的《当代大学生理想论》、郑冬芳的《大学生马克思主义理想信仰研究》、郑承军的《理想信念的引领与建构：当代大学生的社会主义核心价值观研究》及李建国的《大学生马克思主义理想信仰生成论》。

（2）论文更加细化深入，交叉研究进一步展开

这一时期，理想信念相关研究的论文很多，大部分硕博论文侧重探讨理想信念教育问题及对策。

在研究对象方面，最多的是以大学生为研究对象的硕博论文，如刘西华的《"90后"大学生理想信念现状与教育对策研究》、孙瑞婷的《新媒体时代加强大学生理想信念教育研究》、于江丽的《大学生党员理想信念教育实效性研究》等。此外，以青年知识分子、军校学员、高中生、共产党员、技校学生、优秀运动员、医学生、农村独生子女、小学生为研究对象的期刊论文也比比皆是。上述论文中，实证类研究较以前增加不少。

更重要的是，理想信念相关研究更加细化和深入，不仅有专门研究理想的功能、规律、载体的论文和著作，还出现了理想教育具体操作层面的案例库。有的注重理想教育的方法研究，如刘月岭的《新时期大学生理想信念教育方法研究》和甘泉的《当代大学生理想教育的路径》等；有的转向个人理想研究，如李晓林的《当代大学生个人理想教育探析》；有的研究理想的功能、规律、载体等方面，如全俊卿的《试论通过理想教育促进学习动力》、王强和吴

云的《大学生理想信念教育中道德信仰的历史逻辑功能》、廖桂芳的《理想信念教育与人才成长：理想信念教育在人才成长中的作用调查分析》、郭根荣等的《谈谈理想信念教育的经济价值》、罗侦兰的《探索大学生理想信念教育的新载体》、王前军和王南方的《从社会理想个体化到个体理想社会化：理想教育促进人的发展的基本路向》、王南方和王前军的《理想教育规律研究》；有的研究苏东坡、张闻天等名人名家的理想观，如杨涛的《论张闻天的青年理想观》、孟云梅的《苏东坡与当代大学生的理想》、宋广文和陈霞的《儒家"立德立功"观与大学生的理想教育》；还有的对理想教育具体操作层面的案例库进行研究，如廖明的《大学生理想教育创新性案例库研究》。

这个阶段，理想教育与创业教育等的交叉研究进一步展开，如吕毅的《柔性管理与中学理想教育》、彭继华的《论创业教育：我国高校理想信念教育新领域》、郭俊汝的《青少年理想心理问题研究》。

此外，顺应时代发展的微媒体视角下的理想教育研究恒河沙数，如聂勇的《微媒体视角下加强高等学校大学生理想信念教育的相关思考》；抗击新冠肺炎疫情视角下的理想信念研究不胜枚举，如《以讲好新时代抗疫故事为契机坚定大学生理想信念》。

1.3.5　理想信念相关研究成果与问题

综上所述，中华人民共和国成立以来，理想信念相关研究取得了丰硕的成果，具体可以概括为以下五个方面：

（1）研究内容丰富

大部分论文和著作侧重研究理想教育各个层面的问题并提出相应的对策，着力宣传共产主义远大理想和中国特色社会主义共同理想，系统构建理想教育的学科体系；有的专门研究理想教育的方法和规律、个人理想、道德理想、人格理想、生活理想等；有的甚至专门研究名人名家的理想观。

（2）研究类型多样

理想信念相关研究有七种类型，分别为理论建构类、伟人名家思想类、专题研究类、名言警句类、问题对策类、实证研究类、宣传类。

（3）研究视角多元

研究视角广阔，具体有世界观、人生观、价值观，马克思主义，哲学，伦理学，心理学，管理学，美学，传播学，中西文化对比、创业教育、抗击新冠肺炎疫情等。

（4）研究对象广泛

研究对象广泛，包括不同文化程度、不同职业、不同政治面貌、不同性别、不同地区的人，有大学生、中小学生、军校学员，有青年知识分子、农民，有中共党员、民主党派成员等。

（5）研究方式方法综合

大部分论文和著作采用经验研究方法、理论研究方法、唯物辩证法、文献研究方法、系统论方法、比较研究方法和实证研究方法等。

中华人民共和国成立以来，理想信念研究领域所取得的丰硕成果，基本上适应了我们党在各个历史时期的要求，极大地促进了思想政治教育和公民教育事业的发展，功不可没。七十多年来，我国理想信念相关研究的路径大致如下：从政治宣传到理论探讨，从问题研究到理论体系构建；从宏观到微观，从群体到个体；从单一研究到综合研究，从现象描述到规律探求；从单一学科论述到多门学科结合，从平面证明到立体展示；从理论说教到实践操作，从重在宣传到强调实用。一步一个脚印，道路越走越宽，步伐越走越快。

但是，理想信念相关研究也存在一些问题，归纳起来有以下几个方面：

（1）研究内容方面，分歧多、创新少

关于理想和理想教育的基本内容，学者存在分歧，不够统一，具体表现为理想概念提法众多，分类各不相同，比较杂乱；同时，研究内容严重重复，创新较少，且理想教育的可操作性还不强。

（2）研究类型方面，问题对策类与宣传类较多，理论建构类与实证研究类偏少

问题对策类和宣传类的研究是必要的，但理论建构类的论文和著作数量不足，论证也比较浅显，少有研究上升到探索规律的高度。实证研究类文章中，有的只注重纯理论的演绎式论证，有的局限于纯经验的评说，只有部分学者运用了调查研究方法。

（3）研究对象方面，大学生多而其他对象少

大部分文章以大学生为研究对象，而以中小学生等其他群体为研究对象的深入研究还比较少。这种状况，远远不能适应我国经济社会发展的需求。

（4）研究力量方面，整合程度不高

研究力量分散，统一的规划和有力的指导还比较缺乏。因此，理想信念相关研究离党对思想政治教育的新要求尚有较大差距。

通过上述回顾，我们总结了经验，增强了信心，也看到了希望。今后，理想信念相关研究，一定会在广度和深度上有所拓展。我们应进一步适应时代要求，更加注重规律性研究，进一步增加理论深度；注重完善理想教育系统和体系，在强化社会理想教育研究的同时，更加重视个人理想教育研究，在强化远大理想教育研究的同时，更加重视现实理想教育研究；应更多地采用实证研究方法，注重科学性。笔者建议，学术界应集中力量，统一规划；专业分工，协同作战；注重实效，探索规律，使理想信念相关研究增强说服力，在新时代的思想政治教育事业中与实现中华民族伟大复兴的征途中建功立业。

1.3.6　西方理想信念相关研究情况

美国哲学家宾克莱早在 20 世纪 80 年代就在他的《理想的冲突：西方社会中变化着的价值观念》一书中非常全面地总结和分析了 20 世纪 70 年代以前西方世界各种对立的人生理想。宾克莱谈到，西方学者主要用相对主义、实用主义、虚无主义、个人主义来看待理想问题，把人和人性作为观察、判断一切问题，特别是理想问题的根本出发点。他具体分析了相对主义、实用主义、虚无主义、个人主义的理想信念。总体来看，这些理想信念具有一个共同特征，即它们都否认人类社会发展是有规律的，是一个自然的历史过程，否认在理想的建构上、理想的价值判断和选择上是有客观标准可循的，把历史仅仅看成偶然事件的堆砌，看成主体——人的不受任何制约的任意的"创造"。这种立场和观点显然是和历史唯物主义的立场和观点对立的。这种立场的持有和这种观点的产生有哲学上的根源，也有思想上的根源，即对人和人性的片面理解。

由于西方学者把理想看作是一种任意的，随主观意志、情感、经验而转移的不确定性的东西，因此国外专门研究理想的著作和论文比较少。西方学者一般以生活目标（life intentions/goals）、社会目标（social intentions/goals）等为

研究内容。理想信念相关研究比较零散，或者体现在认知心理学中，或者存在于道德教育中，或者体现在对人们理想状态的研究中，或者反映在人生规划中，或者出现在国家意识形态、宗教信仰的研究中。

西方理想信念相关研究的特点如下：注重微观研究，对某一方面的研究比较深入；注重有助于目标实现的操作研究和实证研究；注重近期目标，而不太重视远期目标。

在研究内容方面，道德教育和宗教影响构成了理想教育的主体部分。西方学者充分认识到树立目标的重要性，且对如何设置目标、如何实现目标研究得比较深入，如美国马里兰大学管理学兼心理学教授洛克（Locke）提出了目标设置理论（Goal Setting Theory），即目标激励理论，指出目标设置应遵循SMART 原则①。

西方民众的理想信念具有以下特点：个人理想方面，内容多元化，且主要为宗教信仰；生活理想方面，重视个人幸福、金钱和享受；社会理想方面，关注国家的繁荣、进步、稳定、安全、可持续发展；全球理想方面，关注世界和谐。

1.4 新时代大学生理想信念研究的基本思路与方法

1.4.1 基本思路

本书的研究坚持以理论为依据，以实践为基础，以教育为目的。以理论为依据，就是坚持以理想信念相关理论为指导，为高校开展新时代大学生理想信念教育拟定对策；以实践为基础，就是将具体的社会调查资料作为设计理想信念教育对策的立足点，着重研究大学生理想信念现状、理想信念形成影响因素；以教育为目的，就是最终将结论运用到新时代大学生理想信念教育实践中，进一步增强新时代大学生理想信念教育的有效性。

笔者运用理想信念相关理论设计研究模式，收集理想信念相关问卷数据和

---

① SMART，即明确具体（specific）、可测量（measurable）、可实现（attainable）、相关性（relevant）、时限性（time-based）。

第一手文本资料并进行分析，如对四川省五所高校的理想问卷数据、攀枝花学院 2020 级大一新生的理想质性研究第一手文本资料，运用哲学、伦理学、教育学、系统科学、社会学、统计学等学科的知识，采取理论研究方法、文献研究方法及实证研究方法等，利用 NVivo 质性分析软件进行类属分析，以及运用 SPSS 和 LISREL 等数据录入与统计软件进行多元统计分析，全面展现大学生理想信念的整体情况、总体特点与基本内容；深度探究影响大学生理想信念形成与发展的主要因素；同时立足理想信念相关研究成果，探讨大学生在坚定理想信念方面存在的问题，力图探寻新时代大学生理想信念教育的新思路。

1.4.2 研究方法

本书使用的研究方法具体如下：

（1）历史与逻辑相统一的方法

本书回顾了理想信念相关研究的发展过程，探究了其萌芽、演变的历史轨迹，目的是从中探寻理想信念的历史渊源和发展脉络。笔者按照一定的逻辑结构对理想信念的发展历史进行分析和概括，建构理想信念理论体系，实现理想信念理论探索的历史与逻辑的有机统一。同时，理想信念的发展有自身的逻辑性和规律性，其内部结构要素也有各自的特点，因此笔者将通过分析各内部要素各自的特点来进行深度研究。

（2）理论与实证相结合的方法

坚持理论与实证相结合的研究方法，就是既要加强对理想信念理论文献的研究，特别是对马克思主义经典著作中有关理想信念理论的研究，又要加强实践活动中的理想信念实证研究，并且要以马克思主义理想信念的理论研究成果为指导，推动实证研究展开，深入探讨大学生理想信念特点和影响因素等。我们还应通过实践活动中的理想信念实证研究来丰富和充实理想信念理论研究，概括新的理论成果，促进理想信念理论的创新与发展。同时，我们要把理想信念理论研究和理想信念应用研究结合起来，既要以马克思主义理想信念的理论研究成果为指导，加强理想信念理论研究，又要以社会实践活动为中心，以新时代大学生理想信念教育实践为重点，加强理想信念应用研究，促进新时代大学生理想信念教育高质量发展。

（3）定量与质性相结合的方法

笔者利用定量研究与质性研究相结合的方法来展示大学生理想信念现状。定量研究是指收集用数据表示的资料或信息，并对数据进行量化处理、检验和分析，从而获得有意义的结论。确定事物某方面量的规定性是科学研究中的重要步骤和方法。定量研究要求对研究对象的特征按某种标准作量的比较，从而测定研究对象的特征数值，或者找出某些因素的量的变化规律，因此定量研究的目的是对事物及其运动的量的属性作出回答。所谓质性研究方法，是指以研究者为研究工具，在自然环境下采用多种资料收集方法对社会现象进行整体性探究，使用归纳法分析资料和形成理论，通过与研究对象互动，为其行为赋予意义，并获得解释性理解的活动[23]。质性研究方法使我们在对某些问题的调查中不仅可以获得被调查者的个人意见及主观感受，还能更多地了解自然真实情景中的活动。定量研究方法虽然在这些方面具有一定的局限性，但具有客观性特征和可重复的优势。两者的结合可以更好地展示大学生理想信念现状。

首先，笔者在四川省的五所高校［电子科技大学（编号：A）、西南财经大学（编号：B）、成都理工大学（编号：C）、四川师范大学（编号：D）、攀枝花学院（编号：E）］中选取一个班的学生，要求学生用一句话对自身的理想信念进行描述（后文中，编号后的数字是描述顺序），让学生对这些描述按照从赞成到不赞成的 5 个档次进行评分。根据辨别力评分的结果，笔者可以把这些大学生分为共识性组和非共识性组。共识性组是指辨别力评分低于 1 的组，非共识性组是指辨别力评分高于 1 的组。笔者整理出这些大学生的共识性理想，然后用质性分析方法，得出他们的共识性理想的基本内容和特点。

其次，笔者对攀枝花学院的 811 名大学生进行问卷调查，要求 127 名大一新生写下文稿，用质性研究方法、从微观角度呈现大学生理想信念状况。笔者根据目的性原则，即是否具有完成本研究任务的特性和功能，采用同质性抽样策略，确定了抽样标准，即样本为已经学习了一学期的思想道德修养与法律基础课程的攀枝花学院的 127 名大一新生。笔者在期末让大一新生写下该门课程对自己的成长成才有何影响的文稿。研究发现，127 名大一新生中，有 90 名（约占 71%）大一新生谈到了理想信念方面的内容，只有 37 名（约占 29%）大一新生没有谈到这方面的内容。笔者通过 NVivo 质性分析软件对这些原始资料进行录入、编码、归类，然后运用类属分析、逻辑分析，从已经归类的编码中找到一些核心的概念并分别加以阐述，力图从当事人的视角理解大学生所持的理想信念。

1.4.3　创新之处

本书的创新之处如下：

首先，笔者运用 SPSS 统计软件、NVivo 质性分析软件，对大学生的理想信念特点，大学生的社会理想、道德理想、生活理想、职业理想等进行了全方位的审视、观察和研究，得出有关大学生理想信念现状的若干结论：大学生理想信念总体是积极、健康、向上的，主流是好的。大多数大学生有明显的报恩之心，部分大学生意识到信念、意志的坚定对理想的实现具有重要作用，但是仍有小部分大学生在理想树立方面未找到方向、不够坚定，具体表现在以下几个方面：

①社会理想方面。虽然大学生都对实现共产主义远大理想充满信心，信仰马克思主义，能把社会理想和个人理想兼顾起来，但是个别同学在确立社会理想方面仍存在一些问题。

②道德理想方面。大学生不太重视道德理想，对道德理想谈得很少，小部分同学谈到做个好人、做个堂堂正正的人。

③职业理想方面。大学生对职业理想谈得比较多，且职业理想大多比较务实，与兴趣、专业有关，小部分大学生的职业理想有实用性和功利化的倾向。

④生活理想方面。大学生比较重视生活理想，希望兼顾事业、爱情与家庭，追求幸福快乐的生活，小部分大学生的生活理想是追求物质享受。

其次，笔者运用 LISREL 统计软件深入地对影响大学生理想信念形成的因素进行研究，并运用质性分析方法建立包含影响大学生理想信念形成的外在因素、内在因素的结构方程模型，探究影响大学生理想信念形成的因素的影响程度。结果显示，内在因素对大学生理想信念形成产生正面影响，信念对大学生理想形成产生正面影响，大学生的个人理想（生活理想、职业理想、道德理想）对社会理想形成也产生正面影响。环境因素、教育因素对大学生理想信念形成起重要作用。

最后，笔者立足已有理想信念相关研究的理论成果，探讨大学生理想信念现状、大学生在坚定理想信念方面存在的问题及影响大学生理想信念形成的因素，探索新时代大学生理想信念教育的新思路：优化新时代大学生理想信念教育环境，包括优化国内环境、优化高校文化环境、优化高校网络环境和优化家庭环境；遵循新时代大学生理想信念教育原则，包括坚持主体性与针对性相统一、坚持长期性与近期性相统一、坚持先进性与广泛性相统一、坚持理论性与现实性相统一；改善新时代大学生理想信念教育方法，包括将思想道德修养与法律基础教学作为重要渠道、与思想政治理论课教师的言传身教相结合、与大学生的内在需求相结合及与社会实践相结合。

2 理想信念历史考察

由于现有文献资料对中国古代和西方社会的个人理想中的职业理想和生活理想谈得比较少且不够系统，因此本章主要介绍中国古代和西方社会的社会理想和个人理想中的道德理想。中西方历史上的思想家、哲学家都对社会理想和道德理想作出了自己的设想，各个阶级的思想家都把本阶级的社会理想和道德理想说成是人类最崇高的社会理想和道德理想。考察中西方历史上的社会理想和道德理想可以令我们更好地了解马克思主义理想信念的先进性和科学性。

2.1 中国古代社会理想主要内容

中国古代社会理想主要有"大同社会"社会理想，"天下太平"社会理想，"兼相爱，交相利"社会理想，"小国寡民"社会理想及"至德之世"社会理想。

2.1.1 "大同社会"社会理想

孔子是我国古代伟大的思想家、政治家、教育家，儒家学派创始人。孔子的最高政治理想是建立天下为公的"大同社会"。

孔子设计了一幅集以往社会所创造的物质文化和精神文化于一体的理想社会蓝图。孔子希望建立有着全民公有的社会制度、选贤与能的管理体制、讲信修睦的人际关系、人得其所的社会保障、人人为公的社会道德、各尽其力的劳动态度的"大同社会"。

从保存在《礼记·礼运》里的孔子回答官僚问题的一段话中，我们可以看出孔子的观点："孔子曰：'大道之行也，与三代之英，丘未之逮也，而有志焉。大道之行，天下为公，选贤与能，讲信修睦。故人不独亲其亲，不独子其子，使老有所终，壮有所用，幼有所长，矜寡孤独废疾者皆有所养，男有分，女有归。货恶其弃于地也，不必藏于己；力恶其不出于身也，不必为己。是故谋闭而不兴，盗窃乱贼而不作，故外户而不闭，是谓大同。'"

这段话的意思是：大道实行的时代，以及夏、商、周三代英明君王当政的时代，我孔丘都没有赶上，我对它们心向往之。大道实行的时代，天下为天下人所共有。选举有德行的人和有才能的人来治理天下，人们讲求信用、和睦相处。因此人们不只把自己的亲人当亲人，不只把自己的儿女当儿女，这样使老年人能够安享天年，使壮年人有贡献才力的地方，使年幼的人能得到良好的教育，使年老无偶、年幼无父、年老无子的人和残疾人都能得到供养。男子各尽自己的本分，女子各有自己的夫家。人们不愿让财物委弃于无用之地，但不一定要收藏在自己的家里。人们担心有力使不上，但不一定是为了自己。因此，阴谋诡计被抑制而无法实现，劫夺偷盗、杀人越货的坏事不会出现，连住宅外的大门也可以不关，这样的社会就叫作大同社会。

孔子的"大同社会"，在中国历史上影响巨大，几千年来成为人们奋斗的目标。在中国历史上，许多仁人志士都不同程度地受到孔子的大同思想及其绘就的大同蓝图的影响。由于孔子的"大同社会"在一定程度上反映了被压迫、被剥削民众的愿望，孔子描绘的理想社会蓝图，对当时乃至整个封建社会的民众来说，都是非常向往的美好境界，因此"大同社会"社会理想在中国历史上便起到了召唤仁人志士抨击黑暗现实社会、奋起反抗、追求理想社会的进步作用。但是，由于受到时代等客观条件及个体认识等主观条件的限制，"大同社会"社会理想存在很大的局限性。孔子所描绘的"大同社会"不过是以理想化的尧舜时代的社会为参照物而构想出来的，带有浓厚的尚古色彩和幻想色彩，因此它不可能在当时实现。而且，孔子不了解经济基础的决定作用，不了解生产力与生产关系、经济基础与上层建筑之间的矛盾运动推动着人类社会的发展，仅仅主张提高人们的道德水平，而忽视提高生产力和夯实经济基础，是不可能实现"大同社会"社会理想的。

2.1.2 "天下太平"社会理想

孟子，中国古代著名的哲学家、思想家、教育家，战国时期儒家学派的代表人物，继承并发展了孔子的思想，成为仅次于孔子的一代儒家宗师。孟子的社会理想是"天下太平"，即经济上注重民生，思想上注重教育、伦理规范，政治上重视百姓的力量和地位。

（1）经济上注重民生

孟子描绘了这样的经济蓝图："五亩之宅，树之以桑，五十者可以衣帛矣；鸡豚狗彘之畜，无失其时，七十者可以食肉矣；百亩之田，勿夺其时，数口之家可以无饥矣。"这段话的意思是，给每家五亩土地做宅院，在土地上种上桑树，这样，五十岁的人就有绢帛做的衣服穿了。鸡鸭猪狗等家畜，按时去饲养，七十岁的人就有肉吃了。给一家一户一百亩①田地，不要耽误了他们种地的节令时间，数口之家就不用忍受饥饿了。

（2）思想上注重教育、伦理规范

孟子指出，教育能使人和禽兽区别开来，使人注重伦理规范。他说："人之有道也，饱食、暖衣、逸居而无教，则近于禽兽。圣人有忧之，使契为司徒，教以人伦：父子有亲，君臣有义，夫妇有别，长幼有叙，朋友有信。"这段话的意思是，人有人的生存之道，吃饱、穿暖、住得安逸，但如果没有教养，那么还是和禽兽差不多。对此，圣人感到忧虑，于是委派契做司徒，掌管教育，教给人们伦理关系的道理：父子之间要有亲情，君臣之间要有礼义，夫妇之间要分内外，长幼之间要讲尊卑，朋友之间要守诚信。

（3）政治上重视百姓的力量和地位

孟子提出："民为贵，社稷次之，君为轻。是故得乎丘民而为天子。"意思是民众最为重要，国家位在其次，君主排在最后。因此，得到基层民众拥护的人就能做天子。

孟子认为，民心是维护统治阶级统治的关键所在。孟子曰："桀纣之失天下，失其民也；失其民者，失其心也。得天下有道：得其民，斯得天下矣；得其民有道：得其心，斯得民矣；……"意思是夏桀王和商纣王之所以失去了

---

① 1亩≈666.67平方米。

天下，是因为失去了民众；失去了民众，是因为失去了民心。得到天下要讲原则和方法，即获得了民众的支持，就能得天下；获得民众的支持也要讲原则和方法，即赢得了民心，就能得到民众的支持；赢得民心同样要讲原则和方法：他们希望得到的东西，就替他们聚积起来；他们厌恶的东西，就不要强加给他们，如此而已。孟子还指出，统治者要与民同乐，最终才能得民心，进而得天下。在《孟子·梁惠王下》中有这样一段记载：齐宣王说他自己好货、好色，不能行仁政。孟子说："王如好货"，"王如好色，与百姓同之，于王何有？"意思是说，你齐宣王好货、好色，但同时也要满足百姓好货、好色的欲望，使老百姓居有积蓄、行有钱粮。这就是所谓的仁政。

就阶级性而言，"天下太平"社会理想往往成为封建统治者粉饰太平、欺骗人民、强化思想控制的工具，有欺骗性的一面，但统治者标榜仁政或太平盛世，能在一定程度上减轻对人民的剥削，有利于安定生活和发展生产。

2.1.3 "兼相爱，交相利"社会理想

墨子是我国春秋末期战国初期著名的思想家、教育家、科学家、军事家，墨家学派创始人和主要代表人物，是墨家学说创立者。墨子的社会理想是"兼相爱，交相利"。

墨子曰："视人之国，若视其国；视人之家，若视其家；视人之身，若视其身。是故诸侯相爱，则不野战；家主相爱，则不相篡；人与人相爱，则不相贼；君臣相爱，则惠忠；父子相爱，则慈孝；兄弟相爱，则和调。天下之人皆相爱，强不执弱，众不劫寡，富不侮贫，贵不傲贱，诈不欺愚，凡天下祸篡怨恨，可使毋起者，以相爱生也。是以仁者誉之。"这段话的意思是，对待别人的国家，如同对待自己的国家；对待别人的家族，如同对待自己的家族；对待别人的身体，如同对待自己的身体。诸侯相爱，就不会发生战争；家族相爱，就不会互相争夺；人与人相爱，就不会互相残害；君臣相爱，就会施惠忠心；父子相爱，就会慈爱孝顺；兄弟相爱，就会和谐相处。天下的人都相爱，强大者就不会控制弱小者，人多者就不会强迫人少者，富裕者就不会欺侮贫困者，尊贵者就不会轻视卑贱者，奸诈者就不会欺骗愚昧者。凡是天下的祸患怨恨，相爱可以使它们不产生，因此仁者赞扬它。

孟子曰："墨子兼爱，摩顶放踵利天下，为之。"意思是墨子主张"兼爱"，磨伤头顶，走破脚跟，只要对天下有益就去做。这句话概括了墨子的社会理想的基本内涵。"兼爱"的主张在天下大乱、战争盛行的当时，有积极的意义。今天，"兼爱"依然是人类社会发展的永恒主题。墨子的社会理想也是一种比较现实的愿望，即"刑政治，万民和，国家富，财用足，百姓皆得暖衣饱食，便宁无忧"。

"兼爱"是墨子实现社会理想的重要手段，其特点有三：第一，爱是无差别的。墨子认为，理想的社会就是"兼爱"的社会。所谓"兼"，就是"为彼犹为己"，即既为别人也为自己；"视人之国，若视其国，视人之家，若视其家"，即把别人的国家当作自己的国家，把别人的家当成自己的家。第二，爱与利是相互的。孟子说："夫爱人者，人必从而爱之；利人者，人必从而利之；恶人者，人必从而恶之；害人者，人必从而害之，此何难之有？特上弗以为政、士不以为行故也。"这段话的意思是，爱别人的人，别人也爱他；有利于别人的人，别人也会有利于他；憎恶别人的人，别人也会憎恶他；伤害别人的人，别人也会伤害他。这种相爱又有什么困难呢？只是君主不以此为政绩、士大夫也不愿意去实施它罢了。第三，"兼以易别"，即在思想上要用"兼爱"来代替尊贤有等①的仁爱思想，在政治上要用任人唯贤来代替任人唯亲。"兼爱"中，"兼"的对立面是"别"，"别"就是"为彼"，有别于"为己"，墨子认为"别"是天下混乱的根源，称实行"兼爱"的人为"兼士"、未实行"兼爱"的人为"别士"，国君也被他分为"兼君"和"别君"。"兼君"应该"先万民之身，后为其身"，意思是国君应当先为老百姓考虑，再考虑自己；对老百姓"饥即食之，寒即衣之，疾病侍养之，死丧葬埋之"。意思是国君应当在老百姓饥饿的时候给食物，寒冷的时候给衣服，生病的时候予以侍养，死亡的时候予以埋葬。

2.1.4 "小国寡民"社会理想

老子是我国古代伟大的思想家、哲学家、文学家和史学家，道家学派创始人和主要代表人物。他主张无欲、无为、小国寡民。

---

① 尊贤有等指敬爱亲属的礼数有所不同，尊重贤人的方式有等级之分。

（1）无欲

无欲、不欲或寡欲是老子的治国准则。他的治国之道是"不欲以静，天下将自定。"意思是人没有贪欲就可以安静下来，天下自然就稳定了。孟子曰："故圣人云：……我无欲，而民自朴。"意思是我没有欲望，百姓自然就变得纯朴。

无欲是治国者对自己及对百姓的要求。老子在《道德经》中说："不贵难得之货，使民不为盗；不见可欲，使民心不乱。"意思是不以奇珍异宝为贵重之物，就可以使人民不做盗贼；不炫耀那些引起欲望的东西，就可以使民心不被扰乱。具体来说，就是维持"甘其食，美其服，安其居，乐其俗"的生活状态，也就是人们认为自家的食物最香甜、衣裳最漂亮、居所最舒适、风俗最愉悦。

（2）无为

在老子的社会理想中，统治者应该"无为而治"，治理国家也要"无为而治"。《道德经》说："治大国，若烹小鲜。"意思是治理大国，就要像烹饪小鱼儿一样，不能多加搅动，否则易烂。治大国者，当无为，为之则民伤，这就是"无为而治"的原则。关于治理者，老子认为："太上，不知有之；其次，亲而誉之；其次，畏之；其次，侮之。……功成事遂，百姓皆谓'我自然'。"意思是最好的统治者，人民并不知道他的存在；其次的统治者，人民亲近他并且称赞他；再次的统治者，人民畏惧他；最次的统治者，人民轻视他。……事情成功了，老百姓说："我们本来就是这样的。"

"无为而治"，国家才能太平、富裕、发展。"为无为，则无不治"。意思是圣人依照无为的原则做事，办事顺应自然，天下就太平了。"以无事取天下。……故圣人云：我无为，而民自化；……我无事，而民自富"。意思是说，以清静、无为之道治理天下。……圣人说：我无为，人民就自然顺化；……我好静，人民就自然富裕。"道常无为，而无不为。侯王若能守之，万物将自化"。意思是道永远是顺应自然而无所作为的，却又没有什么事情不是它所作为的。侯王如果能按照道的原则为政治民，万物就将自己发展。

（3）小国寡民

老子关于小国寡民的描述如下："小国寡民。使有什伯之器而不用；使民重死而不远徙；虽有舟舆，无所乘之，虽有甲兵，无所陈之；使民复结绳而用之。甘其食，美其服，安其居，乐其俗。邻国相望，鸡犬之声相闻，民至老死，不相往来。"意思是使国家变小，使人民稀少。即使有各种器具，也不使用；使人民看重生命，而不往远处迁徙；虽然有船和车，但没有人乘坐；虽然有盔甲兵器，但没有地方布阵打仗；使人民回到结绳记事的自然状态。人们认为自家的食物最香甜、衣裳最漂亮、居所最舒适、风俗最愉悦。国与国之间可以互相望见，鸡鸣狗吠的声音可以互相听到，但人民从生到死也不往来。实际上这就是老子设想的、在无欲无知状态下的朴素的村社社会。这种社会理想为我们描绘了一个甘食、美服、安居、乐俗的美好和谐社会，但是这里面有复古、消极避世的思想，而且这样的社会理想只能是一种空想和幻想。

2.1.5 "至德之世"社会理想

庄子是我国战国时期伟大的思想家、哲学家、文学家，道家学派代表人物，与道家始祖老子并称"老庄"。

庄子的社会理想是"至德之世"。《庄子·外篇·马蹄》提道："故至德之世，其行填填，其视颠颠。……夫至德之世，同与禽兽居，族与万物并，恶乎知君子小人哉！同乎无知，其德不离；同乎无欲，是谓素朴。素朴而民性得矣。"意思是在人类天性保留最完整的上古时代，人们的行动总是那么持重自然，人们的目光又是那么专一而无所顾盼。……在那个人类天性保留最完整的时代，人类跟禽兽共同居住，与各种物类聚合并存，哪里知道什么君子、小人呢！人人都蠢笨而无智慧，人类的本能和天性也就不会丧失；人人都愚昧而无私欲，这就叫作"素"和"朴"。

《庄子·胠箧》记载："子独不知至德之世乎？昔者容成氏、大庭氏、伯黄氏、中央氏、栗陆氏、骊畜氏、轩辕氏、赫胥氏、尊卢氏、祝融氏、伏牺氏、神农氏，当是时也，民结绳而用之，甘其食，美其服，乐其俗，安其居，邻国相望，鸡犬之音相闻，民至老死不相往来。若此之时，则至治已。"意思是，您不了解那高尚道德的时代吗？过去有容成氏、大庭氏、伯黄氏、中央氏、栗陆氏、骊畜氏、轩辕氏、赫胥氏、尊卢氏、祝融氏、伏牺氏、神农氏，那个时候，人们用结绳记事。人们认为自己的饮食最甜美、衣裳最华美、居所最舒适、风俗最愉悦。国与国之间可以互相望见，鸡鸣狗吠的声音也可以互相听到，可是人们从生到死都不相来往。像这样的时代，才是真正的太平之世。

由此可见，庄子崇尚的"至德之世"实际是远古人类的原始生活状态。庄子认为，人的自然本性只存在于古代，随着人类社会的发展，人的自然本性、人的道德必然退化、消失，因此庄子尚古。这样的现象在封建社会是不可避免的，因为正是封建社会制度导致人的率真天性不断丧失。

2.1.6 中国古代社会理想特点

总之，古人虽然看到封建社会的不平等现象，却没有找到根源，因此他们不是在批判现实的基础上建立社会理想的，而是从普遍人性、想象、幻想的角度出发去树立社会理想的，这样的社会理想是难以实现的。

2.2 中国古代道德理想主要内容

根据古人追求的理想人格的类型不同，笔者把中国古代道德理想分为以下几种：第一，"圣人"道德理想；第二，"人皆可以为尧舜"道德理想；第三，"上善若水"道德理想；第四，"真人"道德理想；第五，"兼士"道德理想。

2.2.1 "圣人"道德理想

在人类历史上，儒家的道德理想影响最大。孔子是我国古代伟大的思想家、政治家、教育家，儒家学派创始人。

"仁"是孔子道德理想的核心。在《论语》中，"仁"字的出现频率非常高。"仁"有丰富的含义，既包括"忠恕""孝弟""克己"，还包括恭、宽、信、敏、惠、勇、智等美德及规范。"圣人"就是满足这样条件的人。"仁"的具体内容如下：

例如，子曰："参乎！吾道一以贯之。"曾子曰："唯。"门人问曰："何谓也？"曾子曰："夫子之道，忠恕而已矣。"意思是，孔子说："曾参啊，我讲的道理可以由一个根本的原则贯通起来。"曾参说："是的。"孔子走出去之后，其他同学便问曾参："这是什么意思？"曾参说："老师的道理就是尽心为人、推己及人。"由此可见，"忠恕"是"仁"的重要内容之一。

又如，子曰："孝弟也者，其为仁之本与！"即孝敬父母、敬爱兄长是

"仁"的根本。

再如，颜渊问仁，子曰："克己复礼为仁。一日克己复礼，天下归仁焉。"意思是，颜渊问什么是仁，孔子说："克制自己的欲望，使自己的言行都符合礼就是仁。一天做到这些，天下的人都会称你仁德。"可见，"仁"的内容包括"克己"。

"仁"的内容还包括恭、宽、信、敏、惠、勇、智。例如，子张问仁于孔子，孔子曰："能行五者于天下，为仁矣。""请问之。"曰："恭、宽、信、敏、惠。恭则不侮，宽则得众，信则人任焉，敏则有功，惠则足以使人。"意思是，子张向孔子问仁，孔子说："能够处处实行五种品德，就是仁了。"子张问："请问是哪五种?"孔子说："恭敬、宽厚、诚信、勤敏、慈惠。恭敬就不致遭受侮辱，宽厚就会得到众人的拥护，诚信就能得到别人的任用，勤敏就会提高工作效率，慈惠就能够使唤人。"又如，子曰："有德者必有言，有言者不必有德。仁者必有勇，勇者不必有仁。"意思是，孔子说："有德行的人一定有善言，有善言的人却不一定有德行。有仁德的人必然勇敢，但勇敢的人不一定有仁德。"再如，子曰："里仁为美。择不处仁，焉得知?"意思是，孔子说："人的内心只有充满仁德才是美好的。不选择与居住在有仁风的地方，怎么能说是聪明呢?"这说明"仁"还包括勇和智。由此可见，孔子的"仁"具有丰富的道德内涵，而"圣人"就是具有这些道德品质的人。

"圣人"道德理想在封建社会起到过积极的作用，引导人们向善，做仁爱之人，促进人性向积极、健康的一面发展，同时有利于维护封建社会的统治。但是，对于"圣人"的境界，普通人难以达到。

2.2.2 "人皆可以为尧舜"道德理想

尧舜是古人仰慕的圣贤，是怀有道德理想的典范，其达到了道德修养的最高境界。孟子认为，"人皆可以为尧舜"，也就是说每个人都可以成为"圣人"。"夫徐行者，岂人所不能哉?"就是说，尧舜的道德境界不是遥不可及的，关键在于是否愿意认真去做，只要认真去做，人人都可以成为尧舜那样的圣贤。孟子曰："舜之居深山之中，与木石居，与鹿豕游，其所以异于深山之野人者几希。及其闻一善言，见一善行，若决江河，沛然莫之能御也。"意思是，孟子说："舜居住在深山之中，和树木石头为邻，和野鹿野猪为伴，和居住在深山中的野人相比，几乎没有什么差别；但当舜从深山出来，听到一句善言，看见一个善行，其善心就像江河决堤，汹涌澎湃，无人可挡了。"在此，孟子认为只要自求向善，所有人就都能成为圣人。

由此可以看出，孟子希望人们以尧舜为榜样去树立自己的道德理想，使自己的人生更有价值和意义。那么，如何才能成为尧舜那样的人呢？

（1）重视父子、兄弟的关系

"尧舜之道，孝弟而已矣。"即孝顺父母、敬爱兄弟。从这一点来说，舜确实能被称为圣人。孟子谈道："舜尽事亲之道而瞽瞍砥豫，瞽瞍砥豫而天下化，瞽瞍砥豫而天下之为父子者定，此之谓大孝。"意思是，孟子说："舜尽心尽力地侍奉父母，终于使父亲瞽瞍变得高兴了，天下的风俗也随之变好了，从而给天下的父子确定了伦常的范例，这可称为大孝。"

（2）重视君臣关系

孟子认为："圣人，人伦之至也。欲为君尽君道，欲为臣尽臣道：二者皆法尧、舜而已矣。不以舜之所以事尧事君，不敬其君者也，不以尧之所以治民治民，贼其民者也。"意思是，孟子说：圣人是人类的楷模。要做君主，就要尽君主之道，要做臣子，就要尽臣子之道。这两者都效仿尧舜就可以了。不像舜服侍尧那样去服侍君主，就是对君主不恭敬；不像尧治理百姓那样去治理国家，就是残害百姓。

（3）重视与普通人的关系

《孟子·公孙丑上》写道："大舜有大焉，善与人同，舍己从人，乐取于人以为善。自耕稼、陶、渔以至为帝，无非取于人者。取诸人以为善，是与人为善者也。故君子莫大乎与人为善。"意思是，伟大的舜更是了不得，善于理解别人，能改正自己的错误，听取正确的意见，乐于学习别人的优点，从而提升自身的修养。他从种庄稼、做陶器，到当渔夫，再到当君主，没有哪个时候不向别人学习。吸收别人的优点去做好事，就是与别人一同做好事。因此，君主的最重要之事就是善待别人。

（4）漠视外物，重视道德理想

大舜出身低微，"发于畎亩之中"，"自耕稼、陶、渔以至为帝"，却持守仁义，始终不变。

孟子的"人皆可以为尧舜"道德理想认为，普通人只要善于修身养性，就可以达到圣人的境界，由此揭开了圣人的神秘面纱。也就是说，塑造圣人人格或达到圣人境界是孟子对人们的期望。由于作为理想人格典范的圣人，同样是现实社会中的一员，与现实社会中的人之间没有不可逾越的鸿沟，因此，"人皆可以为尧舜"道德理想是植根于现实社会的。

2.2.3 "上善若水"道德理想

老子的道德理想具体体现在"上善若水"四个字上面。老子认为，拥有水之所有善性的人是崇高的人。"上善若水。水善利万物而不争。处众人之所恶，故几于道。居善地，心善渊，与善仁，言善信，正善治，事善能，动善时。夫唯不争，故无尤。"意思是善良的人像水一样。水善于滋润万物而不与万物相争。水处于众人所厌恶的低处，因此近似于"道"。善良的人善于选择居住的地方，善于保持沉静，善于友好待人，善于恪守信用，善于治理国家，善于发挥优势，善于把握时机。正是因为不争，所以善良的人才没有过失。

老子以水性比喻人性，认为崇高的人就好像水一样，具有水之所有善性。老子列举了水的七种善性，这七种善性是老子对理想人格提出的内在要求。老子在分析精辟独到、观察细致入微的基础上，把水性与人性紧紧地结合在一起，做到自然与人的有机统一，真正凸显"上善若水"道德理想。

老子的道德理想诠释了水之道的内涵：以柔克刚，处下而居上，以静求动，体现了"无为"而"取天下"的智慧。老子以水为本的理想人格中表现出来的坚韧、谦逊品德和内在涵养值得我们肯定与借鉴。但其理想人格脱离现实，又随意拔高标准，同时片面强调水性与人性相统一，因此是虚无缥缈、高不可攀的。

2.2.4 "真人"道德理想

庄子树立的"真人"形象，具有自在逍遥的神仙气质。在庄子笔下，他们或者"肌肤若冰雪，淖约若处子；不食五谷，吸风饮露；乘云气，御飞龙，而游乎四海之外；其神凝，使物不疵疠而年谷熟。"（他们的肌肤就像冰雪一样洁白晶莹，风姿卓尔不群就像不问世事的处子一样；他们不吃五谷，只吸清风、饮露水，乘着云气，驾驭飞龙，神游于四海之外。他们非常专注，使谷物不遭受灾害而年年丰收。）他们或者"大泽焚而不能热，河汉冱而不能寒，疾雷破山、飘风振海而不能惊。若然者，乘云气，骑日月，而游乎四海之外，死生物变于己，而况利害之端乎！"（五湖四海起火烧到他们，他们不觉得热，江河冰封了，他们不觉得冷，炸雷震裂了山岭，他们不会害怕，飓风搅起滔天海浪，他们不会惊惧。像这样的人，乘云气，骑日月，遨游于四海之外，对生与死之类的问题都不在乎，更何况是利害得失呢！）这些表达了庄子追求的道德理想是绝对的精神自由。

庄子认为，"真人"精神境界的最主要内容或特征是突破形成人生困境的诸多界限，如生与死的自然界限、时与命的社会界限、情与欲的自我界限。《庄子·大宗师》谈道："何谓真人？古之真人，不逆寡，不雄成，不谟士。若然者，过而弗悔，当而不自得也。若然者，登高不栗，入水不濡，入火不热，是知之能登假于道者也若此。古之真人，其寝不梦，其觉无忧，其食不甘，其息深深。"意思是，《庄子·大宗师》谈道："什么是真人呢？古代的真人，不欺凌弱小，不恃雄自傲，也不图谋琐事。像这样的人，在错过机遇时不后悔，在一帆风顺时也不自鸣得意。像这样的人，在登上高处时不恐慌，在进入水里时不会沾湿，在进入火中时不觉得灼热。这只有能够达到一定境界的人才能如此。古代的真人，睡觉时不做梦，醒来时不忧虑，吃东西时不求美味，呼吸时气息深沉。"在该篇中，庄子还谈道："古之真人，不知说生，不知恶死。其出不欣，其入不距；翛然而往，翛然而来而已矣。不忘其所始，不求其所终。受而喜之，忘而复之。是之谓不以心捐道，不以人助天，是之谓真人。若然者，其心志，其容寂，其颡頯。凄然似秋，煖然似春，喜怒通四时，与物有宜而莫知其极。"意思是古代的真人，不懂得贪恋生命，也不知道害怕死亡。不为出生而欢欣，不为赴死而抗拒。自由自在地来，无所牵挂地去。不忘记自己从哪儿来，也不寻求自己往哪儿去。有所得就感到高兴，有所失也不以为意。不以欲望之心损害道义，不以人为之力改变自然。这就叫作真人。像这样的人，他的内心忘掉了周围的一切，他的容颜恬淡而安然，他的额头宽大而端正。表情严肃时如同秋天一样凄冷，态度和蔼时犹如春天一般温暖，喜怒之情与四时相通、与客观事物吻合，不知道为什么可以达到这样的境界。

"真人"道德理想具有一定的真实性，因为它实际上是指人的一种安宁、恬静的心境，在此心境下，人能超越生死，"死生无变于己"（对生死都不在乎）；能挣脱世俗和规范的束缚，"游乎尘垢之外"（遨游于世俗之外）。这样的真人是真实存在过的，关尹、老聃就是庄子认定的现实中达到此境界的真人。《庄子·天下》曰："关尹、老聃乎！古之博大真人哉！"

此外，庄子厌恶世俗事务、鄙夷世俗目的，认识到功名富贵对人的自然本性的扭曲。他说："芒然彷徨乎尘垢之外，逍遥乎无为之业。彼又恶能愦愦然为世俗之礼，以观众人之耳目哉！"意思是，真人无牵无挂地悠游于尘世之外，自在逍遥于无为之境。他们又怎么会烦乱地去炮制世俗的礼仪，然后在众人面前炫耀呢？这表明庄子追求的"真人"道德理想是鄙弃人间事务、否定世俗道德、追求超然尘世的精神境界。但是，这样的"真人"脱离现实社会，不积极参加社会活动，不为社会建设贡献自己的力量，因此从这一点来说，"真人"是消极避世的。

2.2.5 "兼士"道德理想

墨子的道德理想是成为"兼士"，即成为维护墨家道义的"兼士"。

墨子主张"兼士"必须"为义"，认为"万事莫贵于义"，即世间所有的事情没有比维护道义更重要的，"为义"是成为"兼士"的首要条件。

"义"可以"利民"，被视为"良宝"。《墨子·耕注》说："今用义为政于国家，人民必众，刑政必治，社稷必安。所为贵良宝者，可以利民也，而义可以利人，故曰：义，天下之良宝也。"意思是现在用义来施政于国家，人口必然增多，刑政必然得到治理，国家必然安定。之所以认为义是珍贵的宝物，是因为它有利于人民，可以使人民获得利益。

"为义"要做到实实在在地干一定的实际工作。墨子在与弟子治徒娱、县子硕的对话中说得很明白。"治徒娱、县子硕问于墨子曰：'为义孰为大务？'子墨子曰：'譬如筑墙然，能筑者筑，能实壤者实壤，能欣者欣，然后墙成也。为义犹是也，能谈辩者谈辩，能说书者说书，能从事者从事，然后义事成也。'"意思是，治徒娱、县子硕问墨子："实行道义，什么是最重要的呢？"墨子回答说："如同筑墙一样，能筑的人就筑，能填土的人就填土，能掘土的人就掘土，这样墙就可以筑成。实行道义就是这样，能论辩的人就去论辩，能解说典籍的人就去解说典籍，能做事的人就去做事。这样，实行道义之事才能办成。"

如果"为义"受到某些客观因素的干扰而不能顺利进行，也绝不能就此中断。对此，墨子教导弟子说："为义而不能，必无排其道。譬若匠人之斲而不能，无排其绳。"意思是行义而不能胜任的时候，必定不可归因于学说本身。如同木匠不能劈好木材一样，必定不可怪罪那条墨线。

"兼士"和"别士"是有区别的，也就是"兼以易别"。《墨子·兼爱下》说："仁人之事者，必务求兴天下之利，除天下之害。今吾本原兼之所生，天下之大利者也；吾本原别之所生，天下之大害者也。是故子墨子曰：别非而兼是者，出乎若方也。"意思是仁人做事，必定努力维护天下的利益，除去天下的祸害。从本质上推测，兼相爱所产生的是天下的利益，别相恶所产生的是天下的祸害。墨子说别相恶是不对的，兼相爱是对的，就是出于这个道理。由此可知，"兼"生大利，原因在于"爱人利人"；"别"生大害，原因在于"恶人贼人"。因此墨子完全肯定"兼"而彻底否定"别"。他认为"兼士"必须以关心他人为重，对亲友关怀备至，甚至承担生养死葬的义务，而且要说到做到，"言必信，行必果，使言行之合，犹合符节也"，即言出必行，行必果决，使言行一致，就像符节相合一样；而"别士"的言行刚好与此相反，永远为墨家所鄙弃，亦为世人所不齿。

"兼士"立足社会现实，做利民的事情，做自己力所能及的事情，这是具有积极意义的"兼士"。其既不像"圣人"那样不可企及，更不像"真人"那样置身事外。

2.2.6　中国古代道德理想特点

尽管中国古代的思想家提出了"圣人"道德理想、"人皆可以为尧舜"道德理想、"上善若水"道德理想、"真人"道德理想、"兼士"道德理想等各式各样的道德理想，但由于这些道德理想脱离现实，因此不具有普遍的指导意义。

2.3　西方社会理想主要内容

西方社会理想主要沿着以下脉络发展：正义之国社会理想→"新天新地"社会理想→理性共和国社会理想→社会契约社会理想→空想社会主义社会理想。

2.3.1　正义之国社会理想

在古希腊的描绘社会理想的代表作中，最有影响力的是柏拉图的《理想国》。柏拉图在《理想国》中描绘了理想社会——正义之国。这个正义之国的社会结构可以概括为一个基础、一个目标、两种手段、三个阶层、四种品质、五种政体。

（1）一个基础

正义之国以公有制为基础，物质财富由国家统一分配。柏拉图认为，私有制是一切争端和动乱的根源，因此只有实现财产均等才能使人们通往幸福之路。

（2）一个目标

这是柏拉图精心设计的正义之国的目标，即实现正义。正义的实现在于人人都做自己的工作而不成为一个多管闲事的人：当劳动者、卫国者和治国者都做自己的工作而不干涉人的工作时，整个国家就是充满正义的[24]。

（3）两种手段

实现正义的两种手段，即优生和教育。教育应由社会负责，儿童从小就应通过音乐教育陶冶性情，通过体育教育增强体魄。青年人要学习各种科学知识。35~50岁的人才适合担任国家领导职务。

（4）三个阶层

这是指正义之国的治国者、卫国者、劳动者。这三个阶层的职责分工如下：治国者——管理国家的哲学家；卫国者——保卫国土的武士；劳动者——从事生产的自由民众。柏拉图主张选举最有学问的哲学家，由其担任执政官并管理国家。这些执政官靠工资生活，不能占有房屋、土地和金银财宝，这样才能确保造福于民。

（5）四种品质

正义之国的人必须拥有四种品质：正义、智慧、勇敢、节制。

（6）五种政体

五种政体分为君主政体、僭主政体、贵族政体、寡头政体、民主政体。其中，柏拉图认为贵族政体是最完美的。

西方哲学家大多把柏拉图的《理想国》中的正义之国看作"历史上最早

的乌托邦",认为《理想国》为西方"乌托邦"思想的形成奠定了理论基础。但是,正如马克思所说,柏拉图的正义之国只是埃及种姓制度在雅典的理想化。

2.3.2 "新天新地"社会理想

《新约》① 的启示录部分详细描绘了神人同在、精美奢华的理想社会,城邦理想、国家理想就是此书编纂者的社会理想。书中描述的社会被称为"新天新地""千年王国""新耶路撒冷"。在这样的社会中,一切事物都由昂贵的宝石装饰。例如,城墙的根基是用各种宝石修筑的,依次是碧玉、蓝宝石、绿玛瑙、绿宝石、红玛瑙、红宝石、黄璧玺、水苍玉、红璧玺、翡翠、紫玛瑙、紫晶。又如,城里的街道是金子做的,闪闪发亮。城内不分黑夜和白天,始终都是光明的。城内有一条流淌着生命水的河,清澈透亮,生命水从神和羔羊的宝座流出来。河的两岸有生命树,结十二种果子,每月都结果子,树上的叶子能医治万民。城里没有饥荒、疾病、疼痛、死亡,也没有悲哀、哭号和诅咒。这样的社会理想是虚幻的,但在当时有安抚人民、给予人民希望的作用。

2.3.3 理性共和国社会理想

14—17世纪,欧洲经历了文艺复兴和宗教改革,社会理想体现在两部文学作品中,即莫尔的《乌托邦》及康帕内拉的《太阳城》。

"乌托邦"一词,是拉丁文 Utopia 的音译,原意是"没有的地方",中文译为"空想"。《乌托邦》描绘了一个理性共和国,呈现了一个莫尔憧憬的美好社会。在《乌托邦》一书的第二卷,莫尔借用乌托邦海岛表达了自己对美好国家制度的向往。莫尔在书中详细阐释了理想社会在政治、经济、科学文化、社会生活、宗教、对外关系等方面的主要情况。

（1）政治方面

莫尔描写了乌托邦的政治制度、官员制度、社会阶层等。首先,乌托邦的政治制度的基本特征是民主,意思是除奴隶之外的全体乌托邦人当家作主;其次,乌托邦有一套完备的官员制度;最后,从社会阶层来看,乌托邦的社会由

---

① 基督教的《圣经》又名《新旧约全书》,由《旧约》和《新约》组成。

自由公民和奴隶构成。

（2）经济方面

首先，乌托邦人注重生产劳动；其次，乌托邦人讲求经济效益；最后，乌托邦没有货币，不存在商品流通，人们视金银如粪土。

（3）科学文化方面

首先，乌托邦人重视提高科学文化水平；其次，乌托邦人注重促进科学文化的不断发展。

（4）社会生活方面

首先，乌托邦人崇尚健康向上的生活方式；其次，乌托邦人构建的是一种平等、互助、融洽、友爱的新型人际关系；最后，乌托邦提倡男女平等。

（4）宗教方面

乌托邦人对宗教持宽容态度。

（5）对外关系方面

乌托邦实行的对外关系政策是和平友好。

《乌托邦》的问世不仅在当时具有进步意义，而且对后世产生了重大影响。从历史意义上说，这本书是欧洲第一部空想社会主义著作，它第一次完整地描述了空想社会主义的图景，在社会主义学说史上占有突出的地位。《乌托邦》在资本主义社会的阶级矛盾和阶级斗争尖锐化以前，在无产阶级进入有组织的经济斗争和政治斗争以前，从理论上反映了无产阶级的要求，书中描绘的场景虽然只是对超乎阶级斗争的幻想，但我们不能因此而低估其在人类历史上所起的进步作用。

意大利的康帕内拉写作的空想社会主义著作《太阳城》于1623年在法兰克福首次出版。《太阳城》的写作在内容和形式上都受到《乌托邦》的影响，也是通过对未来社会的空想描写来表达自己的社会主义理想。太阳城是康帕内拉虚构的理性共和国。

康帕内拉假想了一个消灭了私有制和剥削的大同社会。在太阳城，人人都劳动，财产属于所有人；在太阳城，没有私有财产，所需用品按需分配；在太阳城，政府官员很少，人民选举和罢免管理人员。太阳城实行哲人政治，即只有拥有大智大慧的圣贤才能担任最高领导人。最高领导人有三个助手，"威力"掌管军事，"智慧"掌管科学，"爱"掌管食品、衣着、生育和教育。人民犯了错误，管理人员就用上帝的教义开导他，纯洁他的心灵。任何人都不使用暴力，但也不能容忍别人使用暴力。如果有人要来进攻，太阳城的居民就会共同战斗。

《太阳城》反映了意大利下层人民反对封建剥削、过上幸福生活的愿望，在社会主义学说史上留下了宝贵的精神财富。康帕内拉在《太阳城》中提出的空想共产主义体系，是以后很多空想社会主义体系的雏形。

2.3.4 社会契约社会理想

18 世纪，欧洲的启蒙思想家以追求人的自由平等为根本目的，通过订立社会契约来寄托自己的社会理想。法国启蒙运动的代表人物卢梭在他的《社会契约论》里指出，原始社会是人类的"黄金时代"，没有剥削，没有压迫，但是国家产生之后，就有了阶级社会，有了剥削和压迫，人们为了私利相互掠夺和残杀。为了寻求自由和安全之路，人们开始订立社会契约。

卢梭指出，这种契约并不是上级与下级之间的约定，而是共同体与它的各个成员之间的约定。它是合法的约定，因为它是以社会契约为基础的；它是公平的约定，因为它对一切人的要求都是相同的；它是有益的约定，因为它除了维护公共利益之外，不能再有其他目的；它是稳固的约定，因为它有公共的力量和最高的权力作保障[25]。也就是说，社会契约是基于公共利益的约定。

《社会契约论》提到，在订约过程中，如果一个人向集体奉献出自己，那么他就并没有向任何人奉献出自己；而且他可以从任何一个人那里获得自己让渡给他人的同样的权利，因此就得到了自己所丧失的一切东西的等价物及更大的力量，从而保全自己[26]。这意味着社会公约赋予了国家支配它的成员的绝对权力。在这样的社会里，成员和睦相处，利益均衡，这就是社会契约社会理想。

这样的社会理想在当时具有极大的进步意义。社会契约社会理想认为，国家是人们相互缔结契约的产物，缔结契约的目的是控制权力、保障人权。社会契约社会理想指出了国家的权力根源于人民，阐明了国家权力的正当性问题，厚植了保障人权的精神底蕴，并在公域和私域之间筑起了一道屏障。

2.3.5 空想社会主义社会理想

19 世纪早期，以圣西门、傅立叶及欧文为代表的空想社会主义者，深刻揭露资本主义的罪恶，对未来的理想社会提出许多美妙的天才设想，企图建立人人平等、个个幸福的新社会。这批空想社会主义思想家基于"完全平等"的理念提出废除私有财产，建立国民公社以统一管理财产。马克思认为他们的"救世理想"只不过是把一切人都变为私有财产的所有者，变为财富的奴隶，因此是粗陋的平均主义的现代变体。

圣西门构想的未来社会实行"实业制度"。在这样的制度下，政治、经济、文化等方面的权力由实业者和学者来掌握；社会运转的目的是运用科学、艺术和手工业知识来满足人们对物质生活和精神生活的需要；人人都劳动，消灭一切特权，有多少才华和贡献就有多少收入。在这样的社会中，国家政权机关的主要任务是对物品进行管理和对生产予以引导。因为历史的局限性，圣西门认为，推翻资本主义制度不能靠暴力手段，而要靠统治阶级的理性和善心。他认为统治阶级会帮助人们建立"实业制度"。这样的社会理想不得不说是空想社会主义社会理想。

傅立叶曾设想出一套改革计划，即建立生产与消费相结合的"农工协作社"——"法朗吉"，这是一种工农结合的社会基层组织。在"法朗吉"内，每个人都要劳动，男女平等，全民接受免费教育，城乡之间、脑力劳动者和体力劳动者之间没有差别。傅立叶还设计了名叫"法伦斯泰尔"的建筑物，建筑物内设有工厂区、生活住宅区、食堂、商场、俱乐部、图书馆等。"法朗吉"实行股东制，按照每个人的劳动、资本和才能分配收入。之所以建立这样的社会组织和制订这样的分配方案，是因为傅立叶希望调和资本家与劳动者的矛盾，形成人人幸福的和谐社会。

1824 年，欧文购买了美国印第安纳州的 1 214 公顷①土地，建设新和谐公社。这里有美丽的村落、林立的工厂，还有各种公用设施，如会议室、阅览室、学校、医院，甚至有临时休息室。在欧文的带领下，全体公社成员共同劳动，共享劳动成果。全体公社成员根据年龄的大小从事不同的劳动活动。新和谐公社存在了 4 年之久，最终还是消亡了。但是，这是在资本主义重重包围下的一次有意义的尝试，欧文的这种人人平等的社会理想，为马克思主义的产生打下了坚实的基础。

---

① 1 公顷＝0.01 平方千米，下同。

空想社会主义者虽然对资本主义社会的不平等表示不满，但是没有找到其不平等的根源。

2.3.6 西方社会理想特点

西方的思想家从抽象人性论、想象、幻想的角度出发，力图建立一个理想的、永恒的、正义的社会，但是这是不现实的，难以实现的。

2.4 西方道德理想主要内容

西方道德理想主要包括"完人"道德理想、"上帝"道德理想、资产阶级道德理想、空想社会主义道德理想、"不确定"道德理想等。

2.4.1 "完人"道德理想

古希腊哲学家期望人们成为拥有智慧的"完人""贤者"和"圣人"。

古希腊伟大的唯物主义哲学家德谟克利特是西方哲学史上第一个提出"完人"和"至善"理念的人，并明确地把"完人"和"至善"同追求幸福联系起来。

古希腊哲学家亚里士多德在他的伦理学著作《尼各马可伦理学》中提出了他的"完人"道德理想。他强调，"善人"或"完人"就是集众人的智慧和美德于一身的全德之人，也就是能辨别真理、明哲端谨的美善之人。他认为，人生在世，可以达到尽善尽美的境界。

古希腊哲学家伊壁鸠鲁的道德理想是成为像一尊神一样的人。这种人能够正确地选择行为，拥有美德，做出明智理性的决策，是智者或贤哲。

以上这些古希腊哲学家的道德理想只是对人性的圣化或神化，因而不可能具有普遍意义。

2.4.2 "上帝"道德理想

在中世纪（公元5世纪后期到公元15世纪中期），西方社会的道德理想成为信仰上帝。这时候，作为统治阶级维护自己专制统治的工具，上帝被人们当作绝对的偶像来崇拜，耶稣则是忍受苦难和屈辱的化身。显然统治阶级是在借神说明灵魂不灭的重要性，让人们把希望寄托在上帝和耶稣身上，这实际上就否定了人类存在的合法性，也就否定了人类发展的可能性。人们唯有在虚幻的想象中获得一点精神上的慰藉，颂扬怯懦、自卑，自感屈辱[27]，从而被统治阶级驯服成甘愿受其奴役和压迫的"绵羊"。

2.4.3 资产阶级道德理想

在16—18世纪的西方社会，资产阶级启蒙思想家也提出了形形色色的道德理想。

英国政治家、哲学家霍布斯代表英国资产阶级革命期间资产阶级上层的利益，指出君主是理想人格的化身，提出人格即君主意志的体现的道德理想。他认为，只有在君主身上，公私利益才能得到最紧密的结合。他还认为，投票选举就是要把大家的意志汇集在一起，统一为一种人格，体现这种人格的人是国家元首。这种道德理想从属于君主专制政体，有着明显的反人民、反民主的性质。

法国启蒙思想家孟德斯鸠则在《波斯人信札》中，通过穴居野人的故事，展示了他心目中的道德理想是有人道精神、坚持正义、崇尚道德。他赞扬穴居野人中的奇特之人，指出他们正直纯朴、互相帮助、为共同利益而操劳，他们希望发财致富，却不要求优裕阔绰，只希望全体穴居野人共同幸福；他们从过去的自私自利、互相倾轧的沉痛教训中认识到，个人利益永远包含在公共利益之中，人们要想将个人利益和公共利益分离，等于自取灭亡。孟德斯鸠所表达的这种道德理想，反映出早期空想社会主义思潮对资本主义社会道德的批判，但是他设想的理想人格、种种美德，在资本主义社会矛盾日益激化的情况下，只能成为一种幻想，只能是对资本主义社会道德败坏现实的掩护。

法国启蒙思想家、哲学家、教育家、文学家卢梭的道德理想是成为"自然人"，也就是"富于感情，富于理智，心地十分仁慈和善良；有很好的品德，有很强的审美能力，既爱美又乐于为善"[28]的人。"富人的豪夺、穷人的抢劫及一切人毫无节制的情欲，扼杀了怜悯心和还很微弱的公正的声音，于是人们变得怪吝、贪婪和邪恶。"[29]卢梭认为，私有制的出现使人们脱离了"自然状态"，从而变得面目全非。因此，卢梭希望人们远离腐化堕落的社会环境，重新找回自身的"自然状态"。这种道德理想是卢梭的美好愿望，但是，在资本主义制度下要想普遍实现这样的道德理想是不太可能的。

2.4.4　空想社会主义道德理想

在 19 世纪初期的西欧，空想社会主义思潮流行起来。空想社会主义的代表人物提出了热爱劳动、彼此友善、关心集体、积极向上、科学理性的道德理想。他们不仅反对封建专制制度，而且猛烈地抨击私有制，把私有制看作不平等的根源，看作道德理想的桎梏。这种空想社会主义道德理想，在一定程度上反映了被剥削、被压迫阶级的朦胧的道德理想，具有历史进步意义。但是，空想社会主义道德理想未建立在人们对社会发展客观规律的深刻认识的基础上，也没有摆脱抽象人性论，把富人的友爱、剥削者的慈善行为都看作美德。最终，人们只能陷入失望和对原始共产主义状态的幻想。

2.4.5　"不确定"道德理想

美国哲学家宾克莱在《理想的冲突：西方社会中变化着的价值观念》一书中详细分析总结了 20 世纪 70 年代以前，西方世界各种对立冲突的人生理想。在该书中，宾克莱谈到，西方人基于相对主义立场、实用主义立场、虚无主义立场、极端个人主义立场看待理想，他们把人和人性作为观察、判断一切问题，特别是理想问题的根本出发点，把理想看作一种任意的，随主观意志、情感、经验而转移的不确定的东西。①相对主义立场：理想的选择和树立全由个人的意志而定；②实用主义立场：理想的选择和树立全由对个人是否有用而定；③虚无主义立场：没有树立未来应当如何的理想，也不接受现状；④极端个人主义立场：理想的选择和树立全由人的利己本能而定。

2.4.6　西方道德理想特点

西方道德理想具有时代性、阶级性。尽管以往的哲学家、思想家提出了"完人"道德理想、"上帝"道德理想等各式各样的道德理想，但由于他们生活在私有制社会里，因此只能提出脱离现实的道德理想，不可能提出符合人类社会发展方向的、完美的、高尚的道德理想。

笔者在对古今中外的社会理想和道德理想的系统梳理中，得出人类历史上的理想信念经历了由低层次向高层次发展的阶梯式演进的结论。

3 马克思主义理想信念

马克思主义理想信念是新时代大学生理想信念教育的理论基础，并为新时代大学生理想信念教育提供行动指南。

3.1 马克思主义社会理想

纵观中西方历史，很多思想家、哲学家对社会理想作出了自己的设想。各个阶级的思想家都把本阶级的社会理想说成是人类最崇高的社会理想。社会理想代表了一定的社会集团的利益和意图，体现了一定的社会集团或一定的阶级关于最高正义标准和最好社会结构的理念。马克思主义者立足现实，站在无产阶级的立场上，提出了科学的社会理想。

3.1.1 共产主义远大理想

实现物质财富极大丰富、人民精神境界极大提高、每个人自由而全面的共产主义社会是马克思主义最崇高的社会理想。共产主义作为一种社会理想，是最合理、最美好的，是人类社会理想发展的高级阶段。马克思揭示了共产主义社会的一般特征，但没有作详尽的细节描绘，认为共产主义社会的具体特征要根据当时的历史环境而定。历史唯物主义告诉我们，生产力决定生产关系，经济基础决定上层建筑，生产力和生产关系的矛盾运动、经济基础和上层建筑的矛盾运动，决定人类社会必然从阶级社会走向无阶级社会，从资本主义走向社会主义和共产主义，这是不以人的意志为转移的普适性规律。实现共产主义是一个长期的实践过程，马克思在《哥达纲领批判》中将共产主义划分为两个阶段：共产主义社会第一阶段和共产主义社会第二阶段，即共产主义初级阶段和共产主义高级阶段。

马克思在深刻研究与剖析人类阶级社会，特别是资本主义社会的基础上，提出了关于未来社会的科学构想，勾勒了共产主义社会的大致轮廓。恩格斯在《共产主义原理》中对此作出了极为清晰的描述：由社会全体成员组成的共同联合体来共同而有计划地尽量利用生产力；把生产发展到满足全体成员需要的规模；彻底消灭阶级和阶级对立；消除旧的分工、进行生产教育、变换工种、共同享受福利和实现城乡融合，使社会全体成员的才能得到全面发展[30]。相似意思的表述可以在《共产党宣言》《反杜林论》等著作中找到。

总结起来，马克思、恩格斯所描述的关于未来理想社会的基本特征包括以下七个方面：

第一，国家消亡、阶级消灭。1850 年，马克思、恩格斯在《爱米尔·德·日拉登著"社会主义和税收"》中提到，共产党人认为，废除国家只可能有一个意思，即废除国家是废除阶级的必然结果，随着阶级的废除，自然就没有必要由一个阶级的有组织的力量来统治其他阶级。这句话的意思是，随着阶级的废除，国家失去了镇压对象，作为阶级压迫的工具——国家机器将失去作用，国家也就消亡了。

第二，消灭私有制，建立公有制。马克思、恩格斯在《共产党宣言》中指出："共产主义的特征，并不是废除一般的所有制，而是要废除资产阶级的所有制。……从这个意义上说，共产党人可以把自己的理论用一句话表示出来，消灭私有制。"[31]恩格斯在《反杜林论》中指出："自从资本主义生产方式在历史上出现以来，由社会占有全部生产资料，常常作为未来的理想隐隐约约地浮现在个别人物和整个整个的派别的脑海中。"[32]建立公有制，具体是指消灭剥削，建立物质产品和精神产品的公共所有制。在《共产党宣言》里，马克思和恩格斯说："但是，现代的资产阶级的私有制是那种建筑在阶级对抗上面，即建筑在一部分人对另一部分人的剥削上的生产和产品占有方式的最后而又最完备的表现。"[33]"共产主义并不剥夺任何人占有社会产品的权力，它只剥夺利用这种占有去奴役他人劳动的权力。……所有这些对共产主义的物质产品的占有方式和生产方式的责备，都同样被推广到精神产品的占有和生产方面。"[34] "因此私有制也必须废除，而代之以共同使用全部生产工具和按照共同的协议来分配全部产品，即所谓财产共有。废除私有制甚至是工业发展必然引起的改造整个社会制度的最简明扼要的概括。所以共产主义者完全正确地强调废除私有制是自己的主要要求。"[35]

第三，计划经济。恩格斯曾在《反杜林论》一文中指出："一旦社会占有了生产资料，商品生产就将被消除，而产品对生产者的统治也将随之消除。社会生产内部的无政府状态将被有计划的自觉组织所代替。"[36]

第四，生产力高度发展。恩格斯在《共产主义原理》中描述："摆脱了私有制压迫的大工业的发展规模将十分宏伟，相形之下，目前的大工业状况将显得非常渺小，正像工场手工业和我们今天的大工业相比一样。工业的这种发展将给社会提供足够的产品以满足所有人的需要。现在由于私有制的压迫和土地的分散而难以利用现有改良成果和科学成就的农业，将来同样也会进入崭新的繁荣时期，并将给社会提供足够的产品。"[37]

第五，各尽所能、按需分配。在《卡·马克思〈雇佣劳动与资本〉1891年单行本导言》中，恩格斯提出人人都必须劳动，社会生产资料由全体社会成员共同支配："一个新的社会制度是可能实现的，在这个制度之下，当代的阶级差别将消失；而且在这个制度之下……通过有计划地利用和进一步发展一切社会成员的现有的巨大生产力，在人人都必须劳动的条件下，生活资料、享受资料、发展和表现一切体力和智力所需的资料，都将同等地、愈益充分地交归社会全体成员支配。"[38] 恩格斯还指出："在共产主义社会高级阶段，在迫使个人奴隶般地服从分工的情形已经消失，从而脑力劳动和体力劳动的对立也随之消失之后；在劳动已经不仅是谋生的手段，而且本身成了生活的第一需要之后；在随着个人的全面发展，他们的生产力也增长起来，而集体财富的一切源泉都充分涌流之后，只有在那个时候，才能完全超出资产阶级权利的狭隘眼界，社会才能在自己的旗帜上写上：各尽所能，按需分配！"[39]

第六，每个人自由而全面的发展。"在那里，每个人的自由发展是一切人的自由发展的条件。"[40] "个人的全面发展，只有到了外部世界对个人才能的实际发展所起的推动作用为个人本身所驾驭的时候，才不再是理想、职责等等，这也正是共产主义者所向往的。"[41]

实现共产主义是一个长期的实践过程。马克思、恩格斯在《德意志意识形态》一文中说："共产主义对我们来说不是应当确立的状态，不是现实应当与之相适应的理想。我们所称为共产主义的，是那种消灭现存状态的现实的运动。这个运动的条件是由现有的前提产生的。"[42]可见，共产主义不是一个静止的社会状态，而是不断向前发展的现实运动。"无论哪一个社会形态，在它所能容纳的全部生产力发挥出来以前，是决不会灭亡的；而新的更高的生产关系，在它的物质存在条件在旧社会的胎胞里成熟以前，是决不会出现的。"[43]

马克思在《哥达纲领批判》中谈到，无产阶级将经历共产主义社会第一阶段和共产主义社会第二阶段。"我们这里所说的是这样的共产主义社会，它不是在它自身基础上已经发展了的，恰好相反，是刚刚从资本主义社会中产生出来的，因此它在各方面，在经济、道德和精神方面都还带着它脱胎出来的那个旧社会的痕迹。……这些弊病，在共产主义社会第一阶段，在它经过长久的阵痛刚刚从资本主义社会里产生出来的形态中，是不可避免的。"[44]他明确地把理想社会划分为共产主义社会第一阶段和共产主义社会第二阶段，但是，没有明确区分这两个阶段的基本特征。

列宁首次明确使用了"共产主义信仰"和"马克思主义信仰"两个概念。他在《马克思恩格斯通信集》中写道："恩格斯当时还不满 24 岁，家庭环境使他厌倦，因此他急于要离开。他父亲是个专横的、信教的工厂主，对儿子四处参加政治集会，对他的共产主义信仰很生气。"[45]列宁在给波利斯·克尼波维奇的信中说："我非常满意地读完了您的书，我很高兴地看到您着手写一部严肃的大著作。通过这部著作，想必完全可以检验、加深和巩固马克思主义的信念。"[46]

毛泽东同志指出："共产主义于民主革命阶段之外，还有一个社会主义革命阶段，因此，于最低纲领之外，还有一个最高纲领，即实现社会主义和共产主义社会制度的纲领。三民主义则只有民主革命阶段，没有社会主义革命阶段，因此它就只有最低纲领，没有最高纲领，即没有建立社会主义和共产主义社会制度的纲领。"

邓小平同志指出："马克思主义的另一个名词就是共产主义。我们多年奋斗就是为了共产主义，我们的信念理想就是要搞共产主义。在我们最困难的时期，共产主义的理想是我们的精神支柱，多少人牺牲就是为了实现这个理想。"[47]

江泽民同志在庆祝中国共产党成立 80 周年大会上的讲话中指出："我们坚

信马克思主义关于人类社会必然走向共产主义这一基本原理。共产主义只有在社会主义社会充分发展和高度发达的基础上才能实现。共产主义社会，将是物质财富极大丰富，人民精神境界极大提高，每个人自由而全面发展的社会。必须看到，实现共产主义是一个非常漫长的历史过程。"[48]

胡锦涛同志在中国共产党第十七次全国代表大会上的报告中指出："加强党员、干部理想信念教育和思想道德建设，使广大党员、干部成为实践社会主义核心价值体系的模范，做共产主义远大理想和中国特色社会主义共同理想的坚定信仰者、科学发展观的忠实执行者、社会主义荣辱观的自觉实践者、社会和谐的积极促进者。"

习近平总书记在 2015 年与中央党校第一期县委书记研修班学员座谈时强调：我们不能因为实现共产主义理想是一个漫长的过程，就认为那是虚无缥缈的海市蜃楼，就不去做一个忠诚的共产党员。习近平总书记在庆祝中国共产党成立 95 周年大会上的讲话中指出："中国共产党之所以叫共产党，就是因为从成立之日起我们党就把共产主义确立为远大理想。我们党之所以能够经受一次次挫折而又一次次奋起，归根到底是因为我们党有远大理想和崇高追求。"习近平总书记还在纪念五四运动 100 周年大会上的讲话中指出："新时代中国青年要树立远大理想。青年的理想信念关乎国家未来。青年理想远大、信念坚定，是一个国家、一个民族无坚不摧的前进动力。"[49]

3.1.2　中国特色社会主义共同理想

邓小平同志是全党全军全国各族人民公认的享有崇高威望的卓越领导人、伟大的马克思主义者、伟大的无产阶级革命家。邓小平同志指出："我们共产党人的最高理想是实现共产主义，在不同历史阶段又有代表那个阶段最广大人民利益的奋斗纲领。"[50] "社会主义是共产主义第一阶段，当然这是一个很长很长的历史阶段。"[51] "马克思主义必须是同中国实际相结合的马克思主义，社会主义必须是切合中国实际的有中国特色的社会主义。"[52] "我们干的是社会主义事业，最终目的是实现共产主义。"[53] 邓小平同志还提出社会主义两大原则，对社会主义本质进行了概括。"社会主义原则，第一是发展生产，第二是共同致富。"[54] "社会主义的本质，是解放生产力，发展生产力，消灭剥削，消除两极分化，最终达到共同富裕。"[55] "空讲社会主义不行，人民不相信。"[56]

2000 年，江泽民同志在中共中央政治局会议上指出：在全社会深入进行爱国主义、集体主义、社会主义教育，积极引导人民树立建设有中国特色社会主义共同理想和正确的世界观、人生观、价值观[57]。2001 年，江泽民同志在全国宣传部长会议上谈到，我们必须坚持用马克思列宁主义、毛泽东思想、邓小平理论，用爱国主义、集体主义、社会主义思想，作为凝聚和团结全党全国人民的坚强精神支柱，并确立建设有中国特色社会主义共同理想[58]。2002 年，江泽民同志在中国共产党第十六次全国代表大会上的报告中再次强调："深入进行党的基本理论、基本路线、基本纲领和'三个代表'重要思想的宣传教育，引导人们树立中国特色社会主义共同理想，树立正确的世界观、人生观和价值观。"[59] 1992 年，在中国共产党第十四次全国代表大会上的报告中，江泽民同志对建设有中国特色社会主义理论的主要内容作了清楚阐述，包括社会主义的发展道路问题、社会主义的发展阶段问题、社会主义的根本任务问题、社会主义的发展动力问题、社会主义建设的外部条件问题、社会主义建设的政治保证问题、社会主义建设的战略步骤问题、社会主义的领导力量和依靠力量问题、祖国统一的问题。

党的十六大以后，胡锦涛同志根据国际国内形势的变化，全面分析我国发展面临的机遇和挑战，深刻阐述了构建社会主义和谐社会的重要意义、指导思想、目标任务、工作原则和重大部署，提出了一系列新思想、新观点、新论断，丰富发展了马克思主义关于社会主义社会建设的理论。社会主义和谐社会以民主法治、公平正义、诚信友爱、充满活力、安定有序、人与自然和谐相处为基本特征，以坚持以人为本为根本出发点和落脚点，以坚持科学发展观为工作方针，以坚持改革开放为主要动力，以坚持民主法治为重要保证，以坚持正确处理改革发展稳定的关系为重要条件，以坚持在党的领导下全社会共同建设为领导核心和依靠力量。胡锦涛同志关于构建社会主义和谐社会的思想，是科学发展观的重要组成部分，对于全面建成小康社会，加快推进社会主义现代化，实现中华民族伟大复兴的中国梦，具有重大而深远的指导意义。

胡锦涛同志在中国共产党第十七次全国代表大会上的报告中指出："要巩固马克思主义指导地位，坚持不懈地用马克思主义中国化最新成果武装全党、教育人民，用中国特色社会主义共同理想凝聚力量，用以爱国主义为核心的民族精神和以改革创新为核心的时代精神鼓舞斗志，用社会主义荣辱观引领风尚，巩固全党全国各族人民团结奋斗的共同思想基础。"胡锦涛同志指出，实现社会和谐，建设美好社会，始终是人类孜孜以求的一个社会理想，也是包括中国共产党在内的马克思主义政党不懈追求的一个社会理想。

笔者认为，构建社会主义和谐社会的论述是对马克思主义社会理想的理论创新与现实应用。实现物质财富极大丰富、人民精神境界极大提高、每个人自由而全面发展的共产主义社会，是马克思主义最崇高的社会理想；而构建社会主义和谐社会就是要充分发挥社会主义制度的优越性，建立全体人民各尽其能、各得其所而又和谐相处的社会，消除由人的物化状态所带来的种种社会不和谐因素，为实现人的自由而全面发展提供有益的社会环境。

习近平总书记在十三届全国人大一次会议闭幕会上发表重要讲话。他指出："历史已经并将继续证明，只有社会主义才能救中国，只有坚持和发展中国特色社会主义才能实现中华民族伟大复兴。"[60]我们要坚定共产主义远大理想和中国特色社会主义共同理想，就必须明确"中国特色社会主义是社会主义而不是其他什么主义，科学社会主义基本原则不能丢，丢了就不是社会主义。"[61]

可以看出，随着历史条件和社会关系的不断变化，马克思主义社会理想也在历史发展过程中与时俱进，以适应当时的具体情况。总之，马克思主义社会理想越来越具体：中国人民探索出迈向共产主义理想的具体实现形式，把共产主义远大理想与中国特色社会主义共同理想统一于伟大实践之中，不但印证了共产主义实现途径具有多样性的特点，更印证了马克思主义真理的伟大。

3.2　马克思主义个人理想

3.2.1　马克思主义道德理想

马克思主义道德理想，即无产阶级道德理想，也即共产主义道德理想。它是无产阶级在长期的革命斗争和生产斗争中，在马克思主义科学理论的指导下，在共产主义远大理想的基础上形成和发展起来的。它批判地继承了历史上的一切优秀道德文化，因此，它具有高度的科学性、广泛的群众性和极强的实践性。它既是共产主义道德原则和道德规范的概括和结晶，也是无产阶级革命家和英雄模范的高尚品德的集中。马克思主义道德理想包括人的全面发展及其指导下各个历史时期各有侧重而略微不同的道德理想，如培育社会主义新人、共产主义新人、"四有"新人、"四有"公民、树立社会主义荣辱观、"明大德、守公德、严私德"。

马克思在《1857—1858 年经济学手稿》中提道："建立在个人的全面发展和他们共同的社会生产能力成为他们的社会财富这一基础上的自由个性，是第三个阶段。"[62] 在这个阶段，个体得到了全面、充分的发展。马克思和恩格斯在《德意志意识形态》中描述："而在共产主义社会里，任何人都没有特定的活动范围，每个人都可以在任何部门内发展，社会调节着整个生产，因而使我有可能随自己的兴趣今天干这事，明天干那事，上午打猎，下午捕鱼，傍晚从事畜牧，晚饭后从事批判，但并不因此就使我成为一个猎人、渔夫、牧人或批判者。"[63] 可见，人的全面发展，就是要"使社会全体成员的才能得到全面发展"[64]。

列宁继承并发展了马克思和恩格斯的人的全面发展思想，形成了自身独特的社会主义新人思想。列宁将马克思主义育人思想与俄国社会主义建设需要相结合，就经济文化落后国家如何培育社会主义新人这一主题展开系统探索，所形成的社会主义新人培育方略至今闪耀着智慧的光芒。列宁认为，有知识的、会做一切工作的、能把学习共产主义同实际工作结合起来的人就是社会主义新人。

（1）社会主义新人特别强调知识的重要性

列宁提出："使我们学到的东西真正深入血肉，真正地完全地成为生活的组成部分，而不是学而不用，或只会讲些时髦的词句。"[65]

（2）社会主义新人是会做一切工作的人

列宁谈道："然后经过这种产业工会，进而消灭人与人之间的分工，教育、训练和培养出全面发展的和受到全面训练的人，即会做一切工作的人。"[66]

（3）社会主义新人要学习共产主义，把共产主义同实际工作结合起来

在《青年团的任务》中，列宁指出："青年团和所有想走向共产主义的青年都应该学习共产主义。"[67]学习共产主义要同实际工作结合起来。"你们当前

的任务是建设，你们只有掌握了一切现代知识，善于把共产主义由背得烂熟的现成公式、意见、方案、指示和纲领变成同你们的直接工作结合在一起的活生生的东西，把共产主义变成你们实际工作的指针，那时才能完成这个任务。"[68]

在我国，毛泽东同志非常重视社会主义新人的培养。他结合中国革命和建设的实际，在1957年"关于正确处理人民内部矛盾的问题"讲话中指出："我们的教育方针，应使受教育者在德育、智育、体育几方面都得到发展，成为有社会主义觉悟的有文化的劳动者。"这句话的内涵主要体现在两个方面：第一，社会主义新人应实现德、智、体全面发展；第二，社会主义新人是全心全意为人民服务的劳动者。

（1）社会主义新人应实现德、智、体全面发展

在毛泽东同志看来，德育、智育、体育是培养社会主义新人的必备条件，三者缺一不可，辩证统一。德育是培养社会主义新人的必要条件，智育是培养社会主义新人的主要内容，体育是培养社会主义新人的重要方面。

（2）社会主义新人是全心全意为人民服务的劳动者

毛泽东同志指出："共产党就是要奋斗，就是要全心全意为人民服务，不要半心半意或者三分之二的心三分之二的意为人民服务。"[69]1945年，毛泽东同志在中国共产党第七次全国代表大会上所作的《论联合政府》的政治报告中说："紧紧地和中国人民站在一起，全心全意地为中国人民服务，就是这个军队的唯一宗旨。"[70]"全心全意地为人民服务，一刻也不脱离群众；一切从人民的利益出发，而不是从个人或小集团的利益出发；向人民负责和向党的领导机关负责的一致性，这些就是我们的出发点。"[71]

邓小平同志则多次强调要培育"四有"新人。1982年，他从提高中华民族素质的高度提出："搞社会主义精神文明，主要是使我们的各族人民都成为有理想、讲道德、有文化、有纪律的人民。"1983年，邓小平同志在《建设社会主义的物质文明和精神文明》一文中指出："……建设社会主义的精神文明，最根本的是要使广大人民有共产主义的理想，有道德，有文化，守纪律。"[72]

（1）有理想

邓小平同志在1985年的《一靠理想二靠纪律才能团结起来》中明确指

出："我们在建设具有中国特色的社会主义社会时，一定要坚持发展物质文明和精神文明，坚持五讲四美三热爱，教育全国人民做到有理想、有道德、有文化、有纪律。这四条里面，理想和纪律特别重要。我们一定要经常教育我们的人民，尤其是我们的青年，要有理想。"[73]

（2）有道德

涵养高尚的共产主义道德品质是对一代社会主义新人提出的要求。1978年，邓小平同志在全国教育工作会议上的讲话中指出："革命的理想，共产主义的品德，要从小开始培养。我们党的教育事业历来有这样的优良传统。"1979年，邓小平同志在中国文学艺术工作者第四次代表大会的祝词中指出："要恢复和发扬我们党和人民的革命传统，培养和树立优良的道德风尚，为建设高度发展的社会主义精神文明做出积极的贡献。"

（3）有文化

邓小平同志多次强调学习和掌握科学文化知识的重要性。例如，1979年，邓小平同志在党、政、军机关副部长以上干部会议上所作的报告中指出："做四个现代化的闯将，没有专业知识是不行的，没有干劲是不行的，没有精力是不行的。"[74]

（4）有纪律

邓小平同志十分重视纪律教育在人才培养中的重要性。邓小平同志在1985年的《一靠理想二靠纪律才能团结起来》中说："我们这么大一个国家，怎样才能团结起来，组织起来呢？一靠理想，二靠纪律。组织起来就有力量。没有理想，没有纪律，就会像旧中国那样一盘散沙，那我们的革命怎么能够成功？我们的建设怎么能够成功？"在该文中，他说："有了理想，还要有纪律才能实现。纪律和自由是对立统一的关系，两者是不可分的，缺一不可。"1987年，邓小平同志在会见日本自民党干事时指出："没有安定团结的政治局面，不可能搞建设，更不可能实行改革开放政策，这些都搞不成。开放不简单，比开放更难的是改革，必须有秩序地进行。所谓有秩序，就是既大胆又慎重，要及时总结经验，稳步前进。如果没有秩序，遇到这样那样的干扰，把我们的精力都消耗在那上面，改革就搞不成了。总之，我相信我们以后做的事情将更加证明我们的现行路线、方针、政策是正确的。"可见，社会主义现代化建设要取得胜利，就必须要有纪律的保证。

1996 年 10 月，中国共产党第十四届中央委员会第六次全体会议通过的《中共中央关于加强社会主义精神文明建设若干重要问题的决议》中明确规定："培育有理想、有道德、有文化、有纪律的社会主义公民，提高全民族的思想道德素质和科学文化素质，团结和动员各族人民把我国建设成为富强、民主、文明的社会主义现代化国家。"这是精神文明建设总的要求。江泽民同志又在党的十五大报告中进一步强调，要"培育适应社会主义现代化要求的一代又一代有理想、有道德、有文化、有纪律的公民"。这样，培育"四有"公民，就成为全党和全国人民建设有中国特色的社会主义的一项重要任务。

"四有"公民，是指有理想、有道德、有文化、有纪律的社会主义公民。"四有"是对社会主义现代化建设者素质的全面高度概括。①有理想，就是公民要树立发展社会主义市场经济体制，建设有中国特色的社会主义，把我国建设成为富强、民主、文明的社会主义现代化国家的理想。②有道德，就是公民要遵守社会主义道德的基本要求，并在工作、学习、生活及人与人的关系的各个方面体现出来。③有纪律，就是公民要遵纪守法，保证党的路线、方针、政策得到贯彻，社会主义现代化建设事业得到顺利发展。④有文化，就是公民要具有现代科学文化知识，既有书本知识，又有实践才能；既有自然科学知识，又有社会科学知识；既有一定的理解能力，又有创造性的思维能力。"四有"是一个统一的整体。理想、道德、文化、纪律之间互相联系、互相渗透、互相影响、互相制约。其中，理想是核心，是公民的精神支柱；道德是"四有"公民的行为规范，是理想的体现；纪律是实现理想、维护社会主义道德的重要保证；文化则是公民文明素质的基础，是公民形成科学的理想信念、高尚的道德情操和自觉的纪律观念的重要条件。培育"四有"公民，是社会主义现代化建设的需要，是社会主义精神文明建设的奋斗目标和总的要求。

2000 年，在中央思想政治工作会议上，江泽民同志明确指出："党的思想政治工作的任务是：以科学的理论武装人，以正确的舆论引导人，以高尚的精神塑造人，以优秀的作品鼓舞人，不断提高全民族的思想道德素质和科学文化素质，努力培养造就有理想、有道德、有文化、有纪律的社会主义公民。"[75] 1991 年，江泽民同志在庆祝中国共产党成立 70 周年大会上的讲话中指出："培养出适应社会主义现代化建设需要的有理想、有道德、有文化、有纪律的新人。"1992 年，江泽民同志在中国共产党第十四次全国代表大会上所作的报告中指出："我们要为改革开放和现代化建设创造有利环境，培养一代又一代有理想、有道德、有文化、有纪律的新人。"[76]1994年，江泽民同志又在全国教育工作会议上指出："只有培养一代又一代有理想、有道德、有文化、有纪律的献身有中国特色社会主义事业的建设者和接班人，才能保证我国长治久安。"[77]

2006年3月4日，胡锦涛同志在参加全国政协十届四次会议民盟、民进界委员联组讨论时提出，要引导广大干部群众，特别是青少年树立以"八荣八耻"为主要内容的社会主义荣辱观。以"八荣八耻"为主要内容的社会主义荣辱观，为我国公民道德建设树起了新的标杆，对加强社会主义思想道德建设产生了积极影响。其内容包括以热爱祖国为荣、以危害祖国为耻；以服务人民为荣、以背离人民为耻；以崇尚科学为荣、以愚昧无知为耻；以辛勤劳动为荣、以好逸恶劳为耻；以团结互助为荣、以损人利己为耻；以诚实守信为荣、以见利忘义为耻；以遵纪守法为荣、以违法乱纪为耻；以艰苦奋斗为荣、以骄奢淫逸为耻。

2018年3月10日，习近平总书记在参加十三届全国人民代表大会第一次会议重庆代表团审议时指出："领导干部要讲政德，政德是整个社会道德建设的风向标。立政德，就要明大德、守公德、严私德。""明大德、守公德、严私德"是习近平总书记一以贯之的全面从严治党的根本要求，也是习近平新时代中国特色社会主义思想的重要组成部分。会上，习近平总书记指出，要既讲法治又讲德治，重视发挥道德教化作用，把法律和道德的力量、法治和德治的功能紧密结合起来，把自律和他律紧密结合起来，引导全社会积极培育和践行社会主义核心价值观，树立良好道德风尚，防止封建腐朽道德文化沉渣泛起。明大德，就是要铸牢理想信念、锤炼坚强党性，在大是大非面前旗帜鲜明，在风浪考验面前无所畏惧，在各种诱惑面前立场坚定，这是领导干部首先要修好的"大德"。守公德，就是要强化宗旨意识，全心全意为人民服务，恪守立党为公、执政为民理念，自觉践行人民对美好生活的向往就是我们的奋斗目标的承诺，做到心底无私天地宽。严私德，就是要严格约束自己的操守和行为。所有党员、干部都要戒贪止欲、克己奉公，切实把人民赋予的权力用来造福于人民。要把家风建设摆在重要位置，廉洁修身，廉洁齐家，防止"枕边风"成为贪腐的导火索，防止子女打着自己的旗号非法牟利，防止身边人把自己

"拉下水"。

2019 年，习近平总书记在纪念五四运动 100 周年大会上的讲话中指出："新时代中国青年要锤炼品德修为。人无德不立，品德是为人之本。止于至善，是中华民族始终不变的人格追求。我们要建设的社会主义现代化强国，不仅要在物质上强，更要在精神上强。精神上强，才是更持久、更深沉、更有力量的。青年要把正确的道德认知、自觉的道德养成、积极的道德实践紧密结合起来，不断修身立德，打牢道德根基，在人生道路上走得更正、走得更远。面对复杂的世界大变局，要明辨是非、恪守正道，不人云亦云、盲目跟风。面对外部诱惑，要保持定力、严守规矩，用勤劳的双手和诚实的劳动创造美好生活，拒绝投机取巧、远离自作聪明。面对美好岁月，要有饮水思源、懂得回报的感恩之心，感恩党和国家，感恩社会和人民。要在奋斗中摸爬滚打，体察世间冷暖、民众忧乐、现实矛盾，从中找到人生真谛、生命价值、事业方向。新时代中国青年要自觉树立和践行社会主义核心价值观，善于从中华民族传统美德中汲取道德滋养，从英雄人物和时代楷模的身上感受道德风范，从自身内省中提升道德修为，明大德、守公德、严私德，自觉抵制拜金主义、享乐主义、极端个人主义、历史虚无主义等错误思想，追求更有高度、更有境界、更有品位的人生，让清风正气、蓬勃朝气遍布全社会！"[78]

总之，马克思主义道德理想包含丰富的内容。马克思和恩格斯期望实现人的全面发展：一是人的活动的全面发展，二是人的社会关系的全面发展，三是人的素质的全面提高，四是人的个性的全面发展，五是人类的全面发展。列宁继承与发展了马克思和恩格斯的人的全面发展思想，形成了自身独特的社会主义新人思想。毛泽东同志重视培养社会主义新人：德、智、体全面发展，全心全意为人民服务的劳动者。邓小平同志提倡培育"四有"新人，也就是各族人民都成为有理想、有道德、有文化、有纪律的人民。江泽民同志提出培养"四有"公民，即有理想、有道德、有文化、有纪律的社会主义公民。胡锦涛同志提出，引导广大干部群众，特别是青少年树立以"八荣八耻"为主要内容的社会主义荣辱观。习近平总书记则强调"明大德、守公德、严私德"，引导全社会积极培育和践行社会主义核心价值观，培养担当民族复兴大任的时代新人。

3.2.2 马克思主义职业理想

马克思主义职业理想包含两部分内容：一是人们可以根据自己的喜好自由地选择职业，二是职业理想要同国民经济发展的要求相适应。

（1）人们可以根据自己的喜好自由地选择职业

马克思和恩格斯在《德意志意识形态》中说："当分工一出现之后，任何人都有自己一定的特殊的活动范围，这个范围是强加于他的，他不能超出这个范围：他是一个猎人、渔夫或牧人，或者是一个批判的批判者，只要他不想失去生活资料，他就始终应该是这样的人。而在共产主义社会里，任何人都没有特定的活动范围，每个人都可以在任何部门内发展，社会调节着整个生产，因而使我有可能随自己的兴趣今天干这事，明天干那事，上午打猎，下午捕鱼，傍晚从事畜牧，晚饭后从事批判，但并不因此就使我成为一个猎人、渔夫、牧人或批判者。"[79]恩格斯则在《共产主义原理》中指出，消除旧的分工，进行生产教育、变换工种、共同享受福利和实现城乡融合，使社会全体成员的才能得到全面发展[80]。

（2）职业理想要同国民经济发展的要求相适应

在苏联成立以后，列宁根据当时的电气时代背景和建国初期的实际国情，对马克思的综合技术教育思想进行研究后，提出了适合苏联国情的综合技术教育理论。该理论体现了列宁主张人们树立符合时代要求和国情的职业理想，尽量让人们发展职业技能，使职业教育适应当时的社会发展需要。

1919 年，列宁在俄共八大通过的党纲中提出：对 17 岁以下的全体男女儿童实行免费的和义务的综合技术教育（从理论上和实践中熟悉各主要生产部门）；对 17 岁以上的人，广泛发展同综合技术知识有联系的职业教育[81]。随后，列宁在 1920 年所写的《论综合技术教育：对娜捷施达·康斯坦丁诺夫娜的提纲的评述》一文中详细地阐述了他的综合技术教育理论。

首先，列宁根据时代的要求扩充并确定了综合技术教育的具体内容，如电气时代要掌握的用电知识等。他还根据苏联当时的国情，提出将农艺学的某些原理、劳动组织和参观等列为综合技术教育的内容。

其次，列宁对实施综合技术教育的具体形式、教学方法乃至师资来源等作了比较明确的指示。

再次，列宁根据当时技术人才缺乏的现状，指出必须开设职业学校，甚至提出在职业学校中进行综合技术教育，以防止其变成培养手艺匠的学校。

最后，关于如何进行综合技术教育，列宁提出了两条原则：第一，避免过早专业化；第二，在所有的职业学校里扩大普通学科的范围[82]。

在国内，毛泽东同志提倡广大劳动人民接受教育，指出教育必须为无产阶级政治服务，必须同生产劳动相结合，培养有社会主义觉悟的、有文化的劳动者。

1949年12月，第一次全国教育工作会议召开，会议指出，各地中等学校、普通中学多，技术学校少，不适应恢复与发展经济的迫切需要，要求在今后若干年内着重向中等技术学校发展。毛泽东同志指出，在制度层面上，要革命、要创新，学制要缩短，课程要减少，教材要适用，理论要联系实际，强调创新和应用；在办学形式层面上，提出"两条腿走路"，以需求为导向，多种形式办学，探索我国职业教育的特殊规律与独特道路；在操作层面上，主张实践教学，方法灵活，让学生生动活泼主动地学习，强调分析、解决问题的能力[83]。

邓小平同志指出，整个教育事业必须同国民经济发展的要求相适应，制定教育规划应该与国家的劳动计划结合起来，切实考虑劳动就业发展的需要。

1978年4月，邓小平同志在全国教育工作会议上的讲话中指出："更重要的是整个教育事业必须同国民经济发展的要求相适应。不然，学生学的和将来要从事的职业不相适应，学非所用，用非所学，岂不是从根本上破坏了教育与生产劳动相结合的方针？那又怎么可能调动学生学习和劳动的积极性，怎么可能满足新的历史时期向教育工作提出的巨大要求？我们的国民经济是有计划按比例发展的，我们培养训练专家和劳动后备军，也应该有与之相适应的周密的计划。我们不但要看到近期的需要，而且必须预见到远期的需要；不但要依据生产建设发展的要求，而且必须充分估计到现代科学技术的发展趋势。"[84]邓小平同志还指出："今后国家将努力开辟新的途径，增加新的行业，以便更有效地为四个现代化服务。"[85]

1985年，《中共中央关于教育体制改革的决定》发布，明确指出："为90年代以至下世纪初叶我国经济和社会的发展，大规模地准备新的能够坚持社会主义方向的各级各类合格人才。要造就数以亿计的工业、农业、商业等各行各业有文化、懂技术、业务熟练的劳动者。要造就数以千万计的具有现代科学技术和经营管理知识，具有开拓能力的厂长、经理、工程师、农艺师、经济师、会计师、统计师和其他经济、技术工作人员。还要造就数以千万计的能够适应现代科学文化发展和新技术革命要求的教育工作者、科学工作者、医务工作者、理论工作者、文化工作者、新闻和编辑出版工作者、法律工作者、外事工作者、军事工作者和各方面党政工作者。"[86]

2000年，江泽民同志对有关教育的重大问题发表谈话，他指出："二十一世纪，我国既需要发展知识密集型产业，也仍然需要发展各种劳动密集型产业，经济建设和社会发展对人才的要求是多样化的。这是我国的国情和经济社会全面发展的客观要求。社会主义改革开放和现代化建设，为年轻一代的成长提供了广阔的舞台，只要他们有为祖国、为人民贡献青春的志向，满腔热情地投入到建设祖国的伟大事业中去，认真学习和掌握实践知识与技能，把自己的聪明才智奉献给祖国和人民，就一定能够成长为有用之才。"[87]

胡锦涛同志在中国共产党第十七次全国代表大会上的报告中指出："实施扩大就业的发展战略，促进以创业带动就业。就业是民生之本。要坚持实施积极的就业政策，加强政府引导，完善市场就业机制，扩大就业规模，改善就业结构。完善支持自主创业、自谋职业政策，加强就业观念教育，使更多劳动者成为创业者。健全面向全体劳动者的职业教育培训制度，加强农村富余劳动力转移就业培训。建立统一规范的人力资源市场，形成城乡劳动者平等就业的制度。完善面向所有困难群众的就业援助制度，及时帮助零就业家庭解决就业困难。积极做好高校毕业生就业工作。规范和协调劳动关系，完善和落实国家对农民工的政策，依法维护劳动者权益。"由此可以看出，鉴于当时的就业形势，胡锦涛同志强调加强职业培训和促进创业。

2019年4月30日，习近平总书记在纪念五四运动100周年大会上的讲话中指出："青年的人生目标会有不同，职业选择也有差异，但只有把自己的小我融入祖国的大我、人民的大我之中，与时代同步伐、与人民共命运，才能更好实现人生价值、升华人生境界。离开了祖国需要、人民利益，任何孤芳自赏都会陷入越走越窄的狭小天地。"[88]

马克思和恩格斯期望人们可以根据自己的喜好自由地选择职业。列宁主张人们树立符合时代要求和国情的职业理想，尽量让人们发展职业技能，使职业教育适应当时的社会发展需要。毛泽东同志提倡广大劳动人民接受教育，指出教育必须为无产阶级政治服务，必须同生产劳动相结合，培养有社会主义觉悟的、有文化的劳动者。邓小平同志指出，整个教育事业必须同国民经济发展的要求相适应，为四个现代化服务。江泽民同志则鼓励年轻一代成为对经济建设和社会发展有用的多样化人才。胡锦涛同志比较强调职业培训和促进创业。习近平总书记则强调个人理想和社会理想相结合。

3.2.3　马克思主义生活理想

马克思主义者非常重视人民群众对美好生活的追求。

马克思和恩格斯认为，在社会生产力高度发展的情况下，物质财富极大丰富，生产的社会产品能满足所有人的需要。在他们的生活理想中，"摆脱了私有制压迫的大工业的发展规模将十分宏伟，相形之下，目前的大工业状况将显得非常渺小，正像工场手工业和我们今天的大工业相比一样。工业的这种发展将给社会提供足够的产品以满足所有人的需要。现在由于私有制的压迫和土地的分散而难以利用现有改良成果和科学成就的农业，将来同样也会进入崭新的繁荣时期，并将给社会提供足够的产品。"[89]

列宁的生活理想是使人民群众过上好日子，使本国民众享受到比西方民众更丰富更充实的精神生活和物质生活。

1918年7月，列宁在一次报告中谈到四面八方的人民群众都向人民政权提出新的要求时指出，每个人都希望改善自己的生活状况，大家都想过好日子，这是理所当然的，这正是社会主义[90]。

列宁指出："所谓'理想'不应当去开辟最好的和最简捷的途径，而应当为我国资本主义社会中眼前进行着的'各社会阶级间的严酷斗争'规定任务和目标；衡量自己的意图是否取得成效，不是看为'社会'和'国家'拟定的建议，而是看这些理想在一定社会阶级中传播的程度；如果你不善于把理想与经济斗争参加者的利益密切结合起来，与该阶级的'公平的劳动报酬'这类'狭隘'琐碎的生活问题，即自命不凡的民粹主义者不屑理睬的问题结合起来，那么，最崇高的理想也是一文不值的。"[91]

在这里，列宁充分肯定了注重人民生活理想的重要性和合理性。建设社会主义社会，目的就在于变革旧制度，完善新制度，发展生产，丰富人民群众的生活，使之过上好日子。在列宁那里，使人民群众过上好日子就是社会主义建设的根本目的和评判尺度。列宁的这段话朴实而简单，但揭示出一个深刻的道理，社会主义国家的领导者应以人民利益为本位，并将此作为考虑一切问题的根本原则。

在国内，毛泽东同志很重视群众生活问题，注重满足群众需要。他要求共产党人应密切联系群众、关心群众。在他看来，只有密切联系群众，才能了解群众的疾苦和意愿，才能带领广大人民群众去实现共同的目标。1934年，毛泽东同志在瑞金召开的第二次全国工农兵代表大会上提出："我们应该深刻地注意群众生活的问题，从土地、劳动问题，到柴米油盐问题。""要得到群众的拥护吗？要群众拿出他们的全力放到战线上去吗？那末，就得和群众在一起，就得去发动群众的积极性，就得关心群众的痛痒，就得真心实意地为群众谋利益，解决群众的生产和生活的问题，盐的问题，米的问题，房子的问题，衣的问题，生小孩的问题，解决群众的一切问题。我们是这样做了么，广大群众就必定拥护我们，把革命当作他们的生命，把革命当作他们无上光荣的旗帜。"[92]

1934年，毛泽东同志在动员广大群众参加革命战争时，强调关心群众生活："我们的同志如果把这个中心任务真正看清楚了，懂得无论如何要把革命发展到全国去，那末，我们对于广大群众的切身利益问题，群众的生活问题，就一点也不能疏忽，一点也不能看清。……如果我们单单动员人民进行战争，一点别的工作也不做，能不能达到战胜敌人的目的呢？当然不能。我们要胜利，一定还要做很多的工作。领导农民的土地斗争，分土地给农民；提高农民的劳动热情，增加农业生产；保障工人的利益，建立合作社；发展对外贸易；解决群众的穿衣问题，吃饭问题，住房问题，柴米油盐问题，疾病卫生问题，婚姻问题。总之，一切群众的实际生活问题，都是我们应当注意的问题。假如我们对这些问题注意了，解决了，满足了群众的需要，我们就真正成了群众生活的组织者，群众就会真正围绕在我们的周围，热烈地拥护我们。同志们，那时候，我们号召群众参加革命战争，能够不能够呢？能够的，完全能够的。"[93]

邓小平同志承认和尊重人们的生活理想，并逐步使之实现。他一再为工人只拿几十元的工资、没有过上好日子而不安。他提倡奉献，特别是先进分子要多奉献，而在对大多数人讲奉献的同时，又要给他们实际利益，使他们得到实惠、提高生活水平。

1980 年 8 月，意大利记者奥琳埃娜·法拉奇两次采访了邓小平同志。在会见中，邓小平同志用务实而智慧的语言回应了法拉奇关于"共产主义"与"个人利益"的问题："社会主义是共产主义第一阶段，这是一个很长的历史阶段，必须实行按劳分配，必须把国家、集体和个人利益结合起来，才能调动积极性，才能发展社会主义的生产。共产主义的高级阶段，生产力高度发达，实行各尽所能，按需分配，将更多地承认个人利益、满足个人需要。"[94]

1978 年，邓小平同志发表了许多重要观点，他明确地说："我们要想一想，我们给人民究竟做了多少事情呢？我们一定要根据现在的有利条件加速发展生产力，使人民的物质生活好一些，使人民的文化生活、精神面貌好一些。"[95]

邓小平同志曾动情地说："我们干革命几十年，搞社会主义三十多年，截至一九八七年，工人的月平均工资只有四五十元、农村的大多数地区仍处于贫困状态。这叫什么社会主义优越性呢？"[96]他提出："我们奋斗了几十年，就是为了消灭贫困。第一步，本世纪末，达到小康水平，就是不穷不富，日子比较好过的水平。第二步，再用三五十年的时间，在经济上接近发达国家的水平，使人民生活比较富裕。"[97]

邓小平同志多次强调共同富裕。共同富裕是指全体人民通过辛勤劳动和相互帮助最终达到丰衣足食的生活水平，也就是两极分化的消除和贫穷基础上的普遍富裕。中国人多地广，共同富裕不是同时富裕，而是一部分人一部分地区先富起来，先富的帮助后富的，逐步实现共同富裕。共同富裕是社会主义的本质规定和奋斗目标，也是我国社会主义的根本原则。

江泽民同志多次强调，"实现共同富裕是社会主义的根本原则和本质特征，绝不能动摇"。他说："物质贫乏不是社会主义，精神空虚也不是社会主义。社会主义不仅要使人民物质生活丰富，而且要使人民精神生活充实。"[98]

在庆祝中国共产党成立 80 周年大会上的讲话中，江泽民同志指出："我们建设有中国特色社会主义的各项事业，我们进行的一切工作，既要着眼于人民现实的物质文化生活需要，同时又要着眼于促进人民素质的提高，也就是要努力促进人的全面发展。这是马克思主义关于建设社会主义新社会的本质要求。我们要在发展社会主义社会物质文明和精神文明的基础上，不断推进人的全面发展。要尽快地使全国人民都过上殷实的小康生活，并不断向更高水平前进。坚持贯彻党的富民政策，在发展经济的基础上，努力增加城乡居民的收入，不断改善人们的吃、穿、住、行、用的条件，完善社会保障体系，改进医疗卫生条件，提高生活质量。通过一部分人、一部分地区先富起来，先富带动后富，逐步实现全体人民共同富裕。"[99]

胡锦涛同志提出，必须在经济发展的基础上，更加注重社会建设，着力保障和改善民生。他在中国共产党第十七次全国代表大会上的报告中指出："加快发展社会事业，全面改善人民生活。现代国民教育体系更加完善，终身教育体系基本形成，全民受教育程度和创新人才培养水平明显提高。社会就业更加充分。覆盖城乡居民的社会保障体系基本建立，人人享有基本生活保障。合理有序的收入分配格局基本形成，中等收入者占多数，绝对贫困现象基本消除。人人享有基本医疗卫生服务。社会管理体系更加健全。"

党的十八大以来，习近平总书记带领全国人民朝着共同富裕方向不断前进，所取得的伟大成就引起国际社会的广泛赞誉。

2020年10月，中国共产党第十九届中央委员会第五次全体会议召开。全会提出了到二〇三五年基本实现社会主义现代化远景目标，这就是：我国经济实力、科技实力、综合国力将大幅跃升，经济总量和城乡居民人均收入将再迈上新的大台阶，关键核心技术实现重大突破，进入创新型国家前列；基本实现新型工业化、信息化、城镇化、农业现代化，建成现代化经济体系；基本实现国家治理体系和治理能力现代化，人民平等参与、平等发展权利得到充分保障，基本建成法治国家、法治政府、法治社会；建成文化强国、教育强国、人才强国、体育强国、健康中国，国民素质和社会文明程度达到新高度，国家文化软实力显著增强；广泛形成绿色生产生活方式，碳排放达峰后稳中有降，生态环境根本好转，美丽中国建设目标基本实现；形成对外开放新格局，参与国际经济合作和竞争新优势明显增强；人均国内生产总值达到中等发达国家水平，中等收入群体显著扩大，基本公共服务实现均等化，城乡区域发展差距和居民生活水平差距显著缩小；平安中国建设达到更高水平，基本实现国防和军队现代化；人民生活更加美好，人的全面发展、全体人民共同富裕取得更为明显的实质性进展。

2021 年 2 月 25 日，全国脱贫攻坚总结表彰大会在京隆重举行，习近平总书记庄严宣告：我国脱贫攻坚战取得了全面胜利。经过全党全国各族人民共同努力，在迎来中国共产党成立 100 周年的重要时刻，我国脱贫攻坚战取得了全面胜利，现行标准下 9 899 万农村贫困人口全部脱贫，832 个贫困县全部摘帽，12. 8 万个贫困村全部出列，区域性整体贫困得到解决，完成了消除绝对贫困的艰巨任务，在实现共同富裕的道路上迈出了坚实的一大步，创造了又一个彪炳史册的人间奇迹。

总之，马克思主义者都致力于为人民创造美好的物质生活和精神生活。

4 大学生理想信念现状

本章使用调查资料来研究大学生理想信念现状，为增强新时代大学生理想信念教育的针对性提供参考。

4.1 大学生社会理想

4.1.1 对实现共产主义远大理想充满信心

根据 2020 年攀枝花学院 811 名大学生理想信念的问卷调查数据，笔者得到如图 4-1~图 4-4 所示的分析结果。

由图 4-1 可以看出，97.78%的大学生认为，大学生需要胸怀共产主义远大理想。

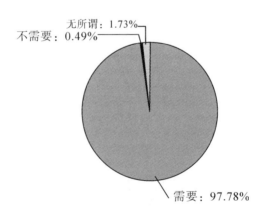

图 4-1 您认为大学生是否需要胸怀共产主义远大理想?

从图 4-2 可以看出，大学生对最终能否实现共产主义远大理想的态度如下：认为绝对能实现和基本能实现的人数最多。可见大学生对实现共产主义远大理想充满信心。

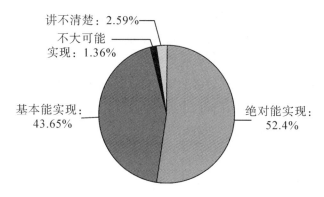

图 4-2　您认为最终能否实现共产主义远大理想？

4.1.2　信仰马克思主义

由图 4-3 可以看出，大部分大学生（占比 70.9%）信仰马克思主义。

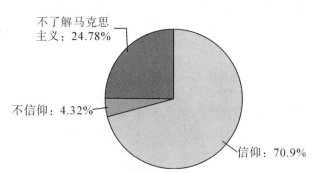

图 4-3　您信仰马克思主义吗？

4.1.3　社会理想兼顾个人理想

从对四川省五所高校的大学生共识性理想的分析中，我们可以看出，大学生在拟定个人理想的同时，也能兼顾社会理想。他们谈到为祖国作贡献、对得起、服务、有益于、有利于、负责等词。部分大学生对自身的理想描述如下：

A4 成为一个对家庭、对社会有贡献的人。

C22 我觉得我的理想是将来能用学到的知识为社会作贡献，回报父母、回报社会。

C91 挣钱、孝顺，为社会作贡献，退休后环游世界。

A22 能充实地度过自己的每一天，对得起自己、家庭和社会。

C12 做一个对得起社会、对得起父母的人。

B46 努力学习，成为一名经济学家，建设我的家乡，服务国家。

B51 和朋友一起努力奋斗，创建我们的家园，也为我国的发展作出力所能及的贡献，解决一些小问题，过好每一天。

C65 理想是做一个自由快乐的人，一个有益于家庭的人，一个有益于社会和国家的人；信念是敢于追求、永不放弃。

C73 利国、利人、利己，相辅相成！

D7 珍惜时间、勇于挑战，增强自己的综合能力。对自己负责，对家庭负责，对社会负责。

E5 为国家、社会做一点有益的事情。

在个人理想和社会理想发生冲突时，大学生会如何选择？同学们的回答如图4-4所示。大部分同学（占比78.05%）选择"具体问题具体分析"。

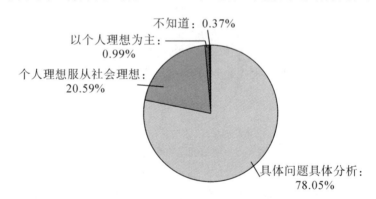

图4-4 个人理想和社会理想发生冲突时，您将如何选择？

4.1.4 部分同学在确立社会理想方面存在问题

在对攀枝花学院2020级127名大一新生写下的文稿进行质性分析后，我们可以看出，部分同学在确立社会理想方面存在以下问题：

（1）对中国特色社会主义共同理想理解不够深刻

有同学谈道："怎样树立科学的社会理想？树立什么样的社会理想才能对己对人以至于对国家有利？老师告诉我们，我们应当树立中国特色社会主义共同理想，确立马克思主义的科学信仰，可如何才能将马克思主义的科学信仰与自己的理想统一起来？虽然我们也会尽自己的最大努力为祖国贡献力量，但是我们难以深刻认识和准确把握中国特色社会主义道路及中华民族伟大复兴的实质，因此感觉人生理想的实现是虚无缥缈的。我们满怀壮志，结果出现'拔剑四顾心茫然'的状况。"

（2）对马克思主义理想信念认识片面

有同学认为："马克思主义告诉我们，人类必然走向共产主义社会，我们要为实现共产主义而努力。如果我们以那么远大的志向为理想信念，而在奋斗的过程中发现自己是那么微不足道，自己的努力犹如一粒沙子落入大海之中，我们会不会因自己太渺小而没有面对现实的勇气？由于实现共产主义是长远目标，因此我们只能确定中短期目标并尽力实现。"

（3）对个人理想与社会理想相冲突时的抉择感到内心矛盾

部分同学在个人理想和社会理想相冲突时，面临抉择的难题，不能很好地将个人理想与社会理想相结合。有同学谈道："我一直在做这样的思想斗争，是注重自身利益还是顾全大局。我的内心是很矛盾的，国家需要我们去建设，民族需要我们去振兴，但面对家人，我们有责任给他们幸福安逸的生活。"

综上，虽然大部分大学生对实现共产主义远大理想充满信心、信仰马克思主义，能把社会理想和个人理想结合起来，但是仍有部分大学生在确立社会理想方面存在以下问题：对中国特色社会主义共同理想理解不够深刻、对马克思主义理想信念认识片面、对个人理想与社会理想相冲突时的抉择感到内心矛盾。

4.2 大学生个人理想

4.2.1 道德理想淡化

在对 2020 年攀枝花学院 811 名大学生理想信念的问卷调查中，针对问题"如果有理想，您的理想属于哪一种？"只有 1.36% 的大学生谈到自己的理想属于道德理想（见图 4-5）。可见，大学生的道德理想逐渐淡化。

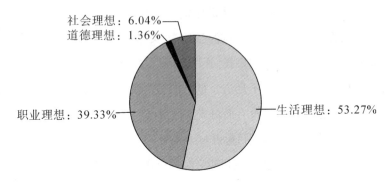

图 4-5 如果有理想，您的理想属于哪一种？

在对四川省五所高校的大学生共识性理想的分析中，我们发现，只有小部分同学谈到要涵养美好品德。部分同学的相关描述如下：

A110 我的理想信念是做个好人。

B60 在不违背道德的前提下，过一种慢节奏、舒缓愉悦的生活，同时不影响自己的学业，随心所欲，该负责的事就负责到底，说过的话一定要做到。

C13 成为一个博学而有深度的人，拥有一个温馨的家庭。

C92 我的理想就是尽自己的最大努力，在品德和学识方面更上一个台阶。

C71 成为一名科学家，待人友善，涵养美好品德，有一个美好的未来。

E7 用勤劳的双手创造美好的生活，做一个堂堂正正的中国人。

在对攀枝花学院 2020 级 127 名大一新生写下的文稿进行质性分析后，我们发现，同样只有小部分同学提到培养优良品德。

例如，有同学在提出把自己培养成什么样的人时说："作为新时代的大学生，我们有必要问问自己，到大学来是为了什么？今后要成为什么样的人？这是两个关系到我们未来发展的严肃问题，需要我们用心去回答。许多人认为，现在就思考这样的问题为时过早，在他们看来，未来的事情是不可预知的，现在说将来想要做什么是毫无意义的。但在我看来，这种走一步算一步的思想是极其消极、极其可怕的。作为新时代的大学生，我们有必要确立科学的理想信念，并以此为指导，向着目标前进。有无理想信念及理想信念的坚定与否，决定了人生是高尚充实，还是庸俗空虚。到大学来是为了什么？今后要成为什么样的人？只有充分思考这两个问题，并在心中确定一个明确的答案，我们才能使自己的大学生活过得有滋有味，更加充实，更有意义。"

4.2.2　职业理想务实且与兴趣、专业有关

新时代大学生的职业理想比较务实，并且与兴趣、专业有关。

在对 2000 年攀枝花学院 811 名大学生理想信念的问卷调查中，针对问题"如果有理想，您的理想属于哪一种？"有 39.33% 的大学生谈到自己的理想属于职业理想（见图 4-5）。

而在对四川省五所高校的大学生共识性理想的分析中，我们发现，对于职业理想，同学们谈论了很多。大学生的职业理想有两个方面的特点，即职业理想比较务实且与兴趣、专业有关。

（1）职业理想比较务实

大部分同学希望找到好的工作。具体来看，大学生主要有以下三种职业理想：

首先，部分大学生对职业要求并不高，能找到满足自己生活需要的稳定工作即可。部分同学的相关描述如下：

D39 做一个平凡的人，找一份能基本满足自己生活需要的工作。

C76 目前，我的理想就是在毕业之后找到一份不错的工作，然后慢慢奋斗。

D20 做一个平凡的人，干一份平凡的工作。

E35 简单快乐地生活，平凡踏实地工作。

E46 有一份稳定的工作，幸福地生活，尽自己所能帮助别人。

B49 今后有一份稳定的工作，最好是酒店管理方面的工作，有个温馨的家庭，夫妻双方能够共渡难关，并且夫妻双方都是有责任感的人！

C58 在大学毕业以后找份好工作，有稳定的收入，能够让自己和重要的人过上比较幸福的生活。

其次，部分大学生有明确的职业生涯规划，希望找到报酬丰厚的工作。部分同学的相关描述如下：

C61 努力学好相关专业知识，毕业后能够在中建国际这样的公司工作。

C67 理想是做一名大中型企业的高层管理人员，业余时间用来写作，晚年从政；信念是只要自己努力，没有什么愿望不能实现！

D8 做自己该做的，希望今后能找到一份好工作，把自己的家庭照顾好，能够在工作上有所成就。

E8 希望将来通过自己的双手过上衣食无忧的生活，好好报答父母，有一个幸福美满的家庭。

E11 找一份好工作，让家人幸福快乐地生活。

E30 凭借自己的努力，在毕业后找到一份好工作，孝敬父母。

E61 成为一名生活悠闲，有品位、有情趣的全职太太，更希望见证：在共产党的领导下，中华民族实现伟大复兴中国梦。

最后，还有一部分大学生打算在毕业后创业。部分同学的相关描述如下：

B44 现在认真学习，三年后考研，研究生毕业后工作几年，增加经验及积累一定的资本，然后与朋友开一家属于自己的公司，为自己打工。

C51 毕业后找一份合适的工作，适时创建自己的公司。

C44 学习成绩优秀，爱情甜蜜，创业成功。

C86 能在大学里获得知识，学有所用，创建属于自己的公司，成为出色的、成功的且一直善良的商人。

E9 做一名优秀的女企业家。

E59 我想当一名大老板。

（2）职业理想与兴趣、专业有关

同学们谈到各种各样的职业理想，这些都和他们的个人兴趣、所学专业有关。部分同学的相关描述如下：

A12 我要成为一名业余诗人，在文学方面有所建树，和我爱的人共同创作，事业不是最重要的。

B11 成为顶尖的服装设计师。

B16 我想成为一名成功的商业银行高管，那么在大学四年里，我要学到足以实现这一理想的专业知识，增强自己的能力。

B29 尽可能学习更多的知识，做一个知识面很广的人，游历世界各地，最终成为顶尖的服装设计师。

B41 能在我喜欢的专业领域里崭露头角。

B33 能成为金融行业的精英，创造个人财富和社会财富，注重生活质量的提高。

C21 学习会计学相关知识，考取注册会计师，然后考上研究生。

C43 认真学习专业知识，找到对口的工作，能快乐地工作，孝敬父母。

C46 成为知名的注册会计师。

C68 理想是顺利完成学业，找一份与专业相关的工作并奋斗；信念是有付出就一定会有回报。

C79 曾经梦想成为一名中国最杰出的外交官，现在看来这个理想有些不太切合实际，但还是会做那个美梦吧。

C93 将来能在自己擅长的领域有所作为。全家人身体健康、生活幸福。

D24 我希望成为一名教师，虽然平凡但我知道这能体现自己的人生价值。我喜欢站在讲台上的感觉，但愿梦想成真。

D37 虽然我的大学生活才刚开始，但是我对自己的人生已有很多期待。我希望以后能够成为一名优秀的语文教师，能激发学生的创造性；我还希望自己能多看些书，不断提升自己，做一个有内涵、有修养的知性的人。

D38 我的理想很朴实，我不奢望成为一名各方面都出类拔萃的学生，只希望尽自己的努力，把该做的事情都做好，毕业之后成为一名普通的人民教师，为我国的教育事业尽微薄之力。

E4 我要成为一名出色的护士，用真心、诚心、爱心对待每一位需要我帮助的人。

E6 为成为一名首席平面设计师而奋斗。

E27 成为一名注册会计师，做一个谨言慎行的人。

E34 做一名广告设计师，走在中国广告设计行业的前沿，甚至走向世界。

E57 做一名教师，过平淡安宁的生活。

E65 我想成为一名高级工程师，并在自己的岗位上干出一定的成绩。

特别值得一提的是，部分同学认为要将自己的职业理想同祖国的需要结合起来。这一点值得肯定。部分同学的相关描述如下：

B19 顺利毕业，回到家乡后为新疆的发展贡献自己的力量，报答父母。

D1 我希望有朝一日可以去山村支教。

还有一部分同学片面强调追求高薪职业。例如，有的同学说："我整天就想着毕业后拿高工资……"还有的同学说："现在有一种流行的看法，由于大学生毕业后，国家不包分配，因此我们最好能找一份收入高的工作。"

综上，我们可以看出，大学生的职业理想比较务实，并且与专业、兴趣有关。对于一部分同学片面强调追求高薪职业的情况，我们应注意合理引导。

4.2.3 生活理想追求幸福快乐

大学生比较重视生活理想，希望过上幸福快乐的生活，但有小部分大学生盲目追求物质生活。

在对 2000 年攀枝花学院 811 名大学生理想信念的问卷调查中，针对问题"如果有理想，您的理想属于哪一种？"超过一半的大学生（占比 53.27%）谈到自己的理想属于生活理想（见图 4-5）。

在对四川省五所高校的大学生共识性理想的分析中，我们可以看出，过上幸福快乐的生活是大多数大学生的生活理想。部分同学的相关描述如下：

A16 理想来自生活中的灵感，生活是多变的，因此生活中的理想也是多变的，但总体来讲，我希望以后过上好日子，让周围的人都快乐！

A23 我的理想是活得快乐。

A35 能高效地工作，拥有健康向上的心态，多和家人、朋友分享快乐时光。

A63 我希望有意义地活着，能够给身边的人带来快乐。

A73 过上幸福的生活。

A82 有个幸福的家庭。

B27 成为强者，不输给别人。认真生活、健康生活、快乐生活。

C27 把握好学习和生活的方向，充实而简单，快乐而自由。

C36 让自己满足、让别人开心，快乐过好每一天。

C69 健康快乐地生活！坚持学习和锻炼，提升自己的综合能力。

C80 认真学习每一门课程，和同学们开心地生活。

D4 让爸爸妈妈高兴。

E12 一家人在一起，幸福快乐地生活。

E32 健康快乐、生活无忧，在自己的岗位上干出成绩。退休后到处旅游。

D3 期待美好，相信爱。人生就是爱与被爱的过程。

A81 不虚度光阴，让每一天都过得很精彩。

B50 能过上宽裕、富足的生活，能实现人生价值。

在研究中我们也发现，有小部分同学盲目追求物质生活。例如，买豪车、买别墅、买名牌包包等。

综上，我们可以看出，大学生比较重视生活理想，追求幸福与快乐，注重生活舒适度的提高。

4.2.4 理想信念体现报恩之心

四川省五所高校的大学生共识性理想体现出浓厚的报恩之心。通过质性分析，我们发现大学生的报恩之心主要反映在以下四个方面：要让身边的人幸福快乐、要让身边的人过上日子、孝顺父母、注重家人的平安健康。部分同学的相关描述如下：

（1）要让身边的人幸福快乐

A8 我要让身边的人都过得幸福。

A33 我要让母亲高兴，让身边的人快乐，让我们都过上幸福的生活。

A61 让自己和关心我的人过上幸福平淡的生活。

A80 充实地度过每一天，给家人带来快乐。

A85 让母亲高兴，让身边的人快乐幸福，尽量帮助需要帮助的人。

B4 为自己而活，为我爱和爱我的人而活。

B22 快乐生活，珍惜朋友，回报家人！

C31 理想说简单一点就是做一个对社会有用的人；说具体一点就是找一份好工作，有一个美满的家庭。我一定要自强、自立，让家人幸福，让自己成功和快乐。

E24 过平凡的日子，但要让自己和家人过得幸福。

（2）要让身边的人过上好日子

C28 通过自己的努力，让身边的人过得更好！

C30 让身边的人都开心。

C78 说实话，我的理想很简单，就是不断提升自己的能力，让父母过上美好幸福的生活。

（3）孝顺父母

B1 孝顺父母，报答他们的养育之恩。

C43 认真学习专业知识，找到对口的工作，能快乐地工作，孝敬父母。

C56 为了家人，为了女友，为了身边每一个关心和爱护自己的人，我要努力学习和工作，不让他们失望，不让他们受到任何伤害！

（4）注重家人的平安健康

E51 家人的平安健康是最重要的事情。

5 影响大学生理想信念形成的若干因素

在本章，笔者通过大学生理想信念形成影响因素结构方程模型构建，以及大学生理想信念形成影响因素个案质性分析，找出影响大学生理想信念形成和发展的因素，分析负面影响因素，以期为第6章探寻新时代大学生理想信念教育的基本思路提供实证依据。

5.1 大学生理想信念形成影响因素结构方程模型构建

结构方程模型（Structure Equation Model，SEM），是基于变量的协方差矩阵来分析变量之间关系的一种统计方法，是多元数据分析的重要工具[100]。

结构方程模型在社会学、教育学、心理学、管理学、经济学等学科得到广泛运用。自20世纪末以来，结构方程模型在德育学、思想政治教育学中也得到推广和运用。最具开创性和代表性的图书是戴钢书的《德育环境研究》。该书提出了由环境、中介、人的素质三者构成的德育环境三维理论模型。这一模型，以马克思主义对环境的界定和有关人与环境关系的思想为指导，以历史上已有的德育环境思想为基础，以德育理论为依据，以数学结构方程为工具，以有关部门的调查数据为材料，揭示了环境、中介、人的素质三者的各自内涵及它们之间的内在有机联系。这一模型的提出，为我们自觉地优化环境、有效发挥各种中介因素的重要作用、全面提升思想道德素质提供了一种操作性较强的方法，具有重要的理论价值和应用价值：既拓展了德育理论的研究领域，又揭示了历史唯物主义、德育理论和数理统计三者之间的内在统一性；既为高校守好思想理论课阵地、完善思想理论课教学、进一步提高思想理论课教学质量提供了理论和实证依据，又为开发德育资源、发挥环境的正面影响作用、消除环境的负面影响提供了具体可行的操作方式；既为德育科学研究方法探索出一条将历史方法、理论概括和数理统计三者统一起来的具体路径，又为人们生动地展示了思想政治教育学科的研究所达到的水平[101]。

在对攀枝花学院 2020 级 127 名大一新生的理想信念形成影响因素进行研究后，笔者发现，努力奋斗、坚韧不拔、修德立身这几个内在动力因素对大学生理想信念形成有正面影响，社会信念对大学生理想信念形成也有正面影响；个人理想（生活理想、职业理想、道德理想）对社会理想的形成有正面影响。

笔者将结构方程模型构建的相关理论梳理如下：

（1）理想信念内在结构系统中的动力系统对大学生理想信念形成具有推动作用

理想信念内在结构系统包括认知系统、动力系统和目的系统。其中，动力系统是指促使人们树立与实现理想的系统，它是激发、推动人们树立与实现理想的各种心理要素的有机整体。动力系统的构成要素包括需要要素、情感要素、意志要素等。

（2）信念是人们追求理想的强大动力

信念是认知、情感和意志的有机统一体，是人们在一定的认识基础上确立的对某种思想或事物坚定不移并身体力行的心理态度和精神状态。信念是对理想的支持，是人们追求理想的强大动力。信念一旦形成，就会使人们坚贞不渝、百折不挠地追求理想、目标。理想是信念确立的根据和前提，信念则是理想实现的重要保障。理想重在说明人与奋斗目标之间的关系，主要是针对未来的，为人们的行动指明方向。信念重在说明人对事物、观念的看法和态度，主要是针对现在的，为人们的行动提供精神支持。

（3）社会理想的树立有赖于个人理想的实现

在理想层次结构系统中，理想分为个人理想和社会理想。个人理想与社会理想的关系是两者相互依赖、相互渗透、相互制约，两者是辩证统一的。社会理想处于最高层次，蕴含着人生的最高价值，因而是理想的核心，起着主导和支配的作用，决定着其他较低层次理想的性质和发展方向，并把它们有机地结合、统一起来。这具体表现为：其一，社会理想决定个人理想的选择；其二，社会理想制约个人理想的实现。个人理想的实现必须以社会理想的实现为前提，离开了社会理想的实现，个人理想的实现就没有了保证。

在本研究中，笔者利用 4 个维度的变量构建结构方程模型。4 个维度的变量具体如下：

第一，追求幸福的生活理想（Eta①1）。其组成话语如下：

$y1$：和她一起看日出日落，并攻读博士学位。

$y2$：用我的所有为我爱的人与爱我的人换取幸福。

$y3$：无欲无求，无所不能。

第二，敢于冒尖的职业理想（Eta2）。其组成话语如下：

$y4$：成为行业领军人物。

$y5$：成为业界泰斗。

$y6$：成为行业精英。

$y7$：为社会的发展和人类的进步贡献自己的力量。

第三，求实务新的道德理想（Eta3）。其组成话语如下：

$y8$：接受一种新的观念，培养正确的人生价值观。

$y9$：学习更多的科学文化知识，提升思想道德修养。

$y10$：做一个成功的人，做一个品德高尚的人。

$y11$：成为德才兼备的成功人士，在专业领域内作出自己的贡献。

第四，家国合一的社会理想（Eta4）。其组成话语如下：

$y12$：成为一个对自己、对家庭、对社会负责任的人。

$y13$：希望这个社会越来越和谐，虽然这不是我一个人能办到的事。

$y14$：掌握一定的科学文化知识，积累足够的财富，为有才之士提供更多的发展机会。

$y15$：为实现中华民族伟大复兴而奋斗。

---

① Eta 表示内生潜在变量。

在本研究中，影响大学生理想信念形成的内在动力因素如下：

第一，努力奋斗（Ksi[①]1）。其组成话语如下：

$x1$：努力就会成功。

$x2$：努力会带来成功。

$x3$：为爱我与我爱的人而奋斗。

$x4$：该吃苦的时候就要能吃苦，该享受的时候就要会享受。

$x5$：追求卓越，永攀高峰。

第二，坚韧不拔（Ksi2）。其组成话语如下：

$x6$："吃得苦中苦，方为人上人"，我相信我付出了就会得到回报，"有志者事竟成"。不怕失败，在失败中提升自我，使自己拥有成功者应有的素质。

$x7$：不怕困难，困难只是让我变得更强的垫脚石。

$x8$：为了美好的明天。

$x9$：做一个善良勇敢的人。

$x10$：永不放弃，永不退却，敢于挑战，永远坚持。

$x11$：精诚所至，金石为开。

第三，修德立身（Ksi3）。其组成话语如下：

$x12$：不贪小便宜、不做亏心事。

$x13$：修己身之德，传播中华优秀传统文化。

$x14$：多做少说，踏实谦虚。

$x15$：尽自己最大努力去帮助需要帮助的人，实现自身的价值。

第四，社会信念（Ksi4）。其组成话语如下：

$x16$：为全面建成社会主义现代化强国而奋斗。

$x17$：坚持党的领导，坚定走中国特色社会主义道路。

笔者基于影响大学生理想信念形成影响因素建立结构方程模型（见图5-1），运用 LISREL 软件[②]验证内在动力因素对大学生理想信念形成的影响程度，并计算出相关系数值（见表5-1）。

---

① Ksi 表示外生潜在变量。
② 协方差结构模型的统计分析软件。

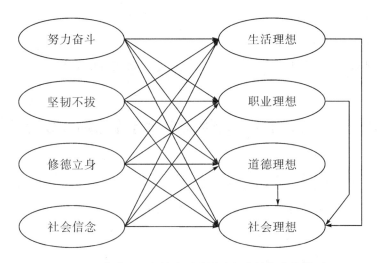

图 5-1　大学生理想信念形成影响因素结构方程模型

表 5-1　内在动力因素对大学生理想信念形成的影响程度

变量	Eta1	Eta2	Eta3	Ksi1	Ksi2	Ksi3	Ksi4
Eta1				0.13	0.58	−0.54	0.37
Eta2				0.03	0.56	0.03	0.32
Eta3				0.50	−0.51	0.41	0.14
Eta4	0.03	0.54	0.04	−0.06	−0.17	0.59	0.11

表 5-1 中，第二行数据为 4 个内在动力因素对 Eta1 的影响。这行数据表明，坚韧不拔、社会信念、努力奋斗对生活理想的形成有由大至小的影响。修德立身对生活理想的形成有间接影响。

表 5-1 中，第三行数据为 4 个内在动力因素对 Eta2 的影响。这行数据表明，坚韧不拔、社会信念对职业理想的形成有由大至小的影响。

表 5-1 中，第四行数据为 4 个内在动力因素对 Eta3 的影响。这行数据表明，努力奋斗、修德立身对道德理想的形成有较大的正向影响。

表 5-1 中，第五行数据为 4 个内在动力因素和 3 个理想维度对 Eta4 的影响。这行数据表明，内在动力因素和生活理想、职业理想、道德理想对家国合一的社会理想的形成有正向影响。

综上，内在动力因素对大学生理想信念形成的影响程度表明，努力奋斗、坚韧不拔、修德立身这几个内在动力因素对大学生理想信念的形成产生正向影响，社会信念对大学生理想信念的形成也产生正向影响；个人理想（生活理想、职业理想、道德理想）对大学生社会理想的形成有正向影响。

5.2　大学生理想信念形成影响因素个案质性分析

在对攀枝花学院 2020 级 127 名大一新生写下的文稿进行质性分析后，笔者得出有关大学生理想信念形成影响因素的结论：环境因素对大学生理想信念形成起启迪作用，教育因素对大学生理想信念形成起直接作用，自身因素对大学生理想信念形成起补充作用。

5.2.1　环境因素对大学生理想信念形成的启迪作用

环境因素对大学生形成理想信念有着启迪作用。在全国人民齐心协力抗击新冠肺炎疫情的背景下，有的同学意识到，面对艰难险阻，我们一定要坚定理想信念："新冠肺炎疫情的肆虐没有打倒中华儿女，因为我们拥有必胜的信念，每一个中国人都明白，只有艰苦奋斗才能开创一个新的时代。现在的大学生，对社会接触太少、对自己估计不足，生活没有目标且态度散漫，是很难面对挫折的。如果时刻都指望他人来帮忙，那也是极不现实的。"

5.2.2　教育因素对大学生理想信念形成的直接作用

教育因素对大学生理想信念形成的直接作用主要体现在以下几方面：《思想道德修养与法律基础》教材起主要作用，思想道德修养与法律基础课程的教学方法起关键作用，其他课程的教师督促、伟人榜样、格言警示等起辅助作用。

（1）《思想道德修养与法律基础》教材起主要作用

《思想道德修养与法律基础》教材在促进大学生转变思想方面起主要作用。有的同学谈道："一学期下来，我发现《思想道德修养与法律基础》是一本集思想性、政治性、知识性、综合性和实践性于一体的教材，涉及的内容十分广泛，现实性、针对性都很强。" 127 名大一新生中，有 26 位同学认为《思想道德修养与法律基础》教材对理想信念形成起了很大的作用。他们在文稿中使用了如下语句："找到一个坐标"，"黑暗中的一盏亮灯"，"黑暗中的启航灯"，"一语点醒梦中人"，"找回自我"，"找到了方向"，"指引人生的奋斗方向"，"透过乌云与阴霾，看到希望和曙光"，"逐渐帮我拨开一团团迷雾，让我在迷茫中找到自己的方向"，"让我拥有树立远大理想的决心"。

其一，帮助大学生了解理想实现的长期性、艰巨性、曲折性及理想信念的含义、意义等相关知识。

有的同学谈到理想实现的长期性、艰巨性、曲折性。他说："在学习《思想道德修养与法律基础》教材的过程中，我认清了实现理想的长期性、艰巨性和曲折性，懂得了只有在实践中才能将理想转变为现实的道理。因此，我开始摆正心态，调整自我，潜心钻研，努力弄懂学习上遇到的各类问题。"有的同学说："从《思想道德修养与法律基础》教材的第一章中我学到，只有追求远大理想，才能取得巨大的成就。看了教材上关于理想特征的说明，我如梦初醒。理想的实现不是一蹴而就的，而且理想越远大，它的实现过程就越复杂，需要的时间就越长，这就是理想实现的长期性。理想的实现不是一帆风顺的，往往会经历波澜和坎坷，这就决定了理想的实现具有艰巨性和曲折性。"

有同学则谈到理想信念的内涵及坚定理想信念对大学生成长成才的重要意义："《思想道德修养与法律基础》教材的第一章就告诉了我们什么是理想、什么是信念。理想作为一种精神现象，是人类社会实践的产物。理想源于现实，又超越现实。理想在现实中产生，是人们的要求和期望的集中表达；信念是认知、情感、意志的有机统一体，是人们在一定的认识基础上确立的对某种思想或事物坚信不疑，并身体力行的心理态度和精神状态。这些都清楚明白地告诉我们，应如何去拟定目标计划，让我们懂得理想信念的真实内涵。《思想道德修养与法律基础》教材还指明了坚定理想信念对大学生成长成才的重要意义，即指引人生的奋斗目标，提供人生的前进动力，提高人生的精神境界。这三点使我透过乌云与阴霾，看到希望和曙光。上述三点中的最后一点特别重要，理想信念一旦树立，一方面能使人们将精神生活的各个方面统一起来，另一方面能引导人们不断追求更高更远的人生目标，提升精神境界，塑造高尚人格。一个人的理想信念愈崇高、愈坚定，其精神境界和人格就越高尚！"

其二，帮助大学生明白坚定理想信念的重要性。

有的同学说："《思想道德修养与法律基础》教材告诉我们，应该树立远大的理想和崇高的信念。"有的同学说："学习《思想道德修养与法律基础》教材，有助于大学生明白立志、树德和做人的道理，选择正确的成才之路。"有的同学说："《思想道德修养与法律基础》教材关于人生课题的探讨给予我不少帮助，如第一章对理想信念的讨论让我明白，要以科学的理想信念指导人生。"还有的同学说："《思想道德修养与法律基础》教材说理想信念是'人的心灵世界的核心'，可见理想信念何等重要。追求远大理想、坚定崇高信念是我们每一位大学生健康成长、成就事业、开创未来的精神支柱和前进动力。此外，《思想道德修养与法律基础》教材让我拥有树立远大理想的决心。"

其三，帮助大学生找到树立理想信念的方法。

有的同学谈道："大一新生面临人生的又一个十字路口，因此在树立理想信念时一定要谨慎。在《思想道德修养与法律基础》教材中，第一个重点就是帮助大一新生确定目标与志向。"有的同学认为："对于如何树立科学的理想信念，我们最好从《思想道德修养与法律基础》教材中找答案。这时，我们不要将《思想道德修养与法律基础》教材只看作普通的课本，而应看作一位良师益友。同理，生活中的许多问题都可以在该教材中找到答案。"还有的同学说："'树立科学的理想信念'，这是我翻开《思想道德修养与法律基础》教材时，它告诉我的第一句话。教材说'它能指引人生的奋斗目标，提供人生的前进动力，提高人生的精神境界'，而这些恰恰是我所需要的。对于如何树立科学的理想信念，它告诉我要确立马克思主义科学信仰，要树立中国特色社会主义共同理想，必须坚定对中国共产党的信任，坚定走中国特色社会主义道路的信念，坚定实现中华民族伟大复兴的信心。这些是我确立理想信念的理论基础，使我学会将小我融入社会的大我之中，确保行为方向的正确，为全面建设社会主义现代化国家贡献自己的微薄之力。"

其四，帮助大学生重新确立目标，规划未来。

有的同学说："幸好我们还年轻，有机会调整，重新确立成长目标。《思想道德修养与法律基础》教材能帮助我们认识大学生活，认清责任和使命，让我们重新确立目标，清楚地认识自己，拥有积极向上的心态。"有的同学说："在《思想道德修养与法律基础》教材第一章，我学到了追求远大理想、坚定崇高信念，然后找回自我，重新给自己定位，重新确立了目标。"还有的同学说："进入大学以后，我没有了明确的学习目标。因此，《思想道德修养与法律基础》教材中关于大学生成才目标的内容就显得十分必要了。"

（2）思想道德修养与法律基础课程的教学方法起关键作用

同学们谈到思想道德修养与法律基础课程的教学方法对大学生理想信念形成起关键作用。这些教学方法包括理论与实际相结合的多角度多层次的讲授、论文写作、课堂讨论、案例教学、影视教学。

其一，课堂讨论的明晰作用。

有同学以"是你陪我一路走来：思想道德修养与法律基础课程伴我成长"为题谈到教学方法对理想信念形成的作用。她写道："课堂上，老师将理论与实际相结合，多角度多层次地讲授课程的主要内容；采用课堂讨论与论文写作等丰富的授课形式，让人感觉轻松愉悦且获益匪浅。"她认为，课堂讨论是一种有效的教学互动方式，可以让很多模糊的观点得到澄清和明晰。有的同学谈道："在思想道德修养与法律基础课上，老师对我们认同的理想信念记录、分析、统计，要求我们充分讨论、深入思考这个问题。对我自己而言，现在的理想是在大学里认真完成学业，然后读研深造。很多同学树立了自主创业、融入社会锻炼的职业理想。此外，我立志成为一个德才兼备、性格乐观、勇敢自信的人，为祖国的繁荣、社会的进步贡献一分力量。"

其二，案例教学的启发作用。

有的同学谈到，老师运用案例教学讲授联合国第七任秘书长科菲·安南的故事，从而鼓舞大家。他说："在课堂上，老师提到安南致力于世界和平与人类进步发展事业、坚持和追求自己的信念与理想，并且通过事例说明安南的理想信念在其仕途中所起的重要作用。这些案例可以指引新时代大学生走什么路、如何学。"有的同学谈到老师讲的英特尔（Intel）公司和美国超威半导体公司（AMD）的案例对自己的启发。他说："记得上课时，老师让我们讨论我们这一代能否在芯片技术上超越 Intel 公司和 AMD 公司。当时同学们很踊跃地回答，有人认为可能，有人认为不太可能。我认为，我们应该抛弃能与不能的问题，先解决想与不想的问题，这就是说，我们要不要树立超越他们的远大理想。作为新时代的青年，我们应该拥有热情、树立理想。"

其三，影视教学的强化作用。

同学们带着浓厚的兴趣看完电影《首席执行官》，认为这部电影给他们带来极大的鼓舞和启发。有的同学谈到，老师通过电影让他们感受其中的爱国主义、理想信念、人生价值、个人与社会的关系、职业精神等。她说："《首席执行官》令我们激情澎湃、感慨颇多。该片以海尔企业首席执行官张瑞敏为原型创作，讲述了一个企业家的奋斗故事。影片中的主人公凌敏带领全体员工将海尔打造成世界一流品牌。其深谋远略，拥有豪情壮志。他可以在旁人的不屑与嘲讽中坚定不移地走下去，创造一个又一个奇迹。海尔企业即使在经济极度紧张的阶段，也对质量问题毫不含糊。影片中，凌敏带头砸76台冰箱的场景令人记忆深刻，任何一处不符合标准的冰箱都等于废品。为了不放过任何疑似的微不足道的小毛病，员工利用下班时间重新对冰箱进行检查，这种敬业态度也体现出海尔企业的宗旨。海尔企业一次次让外国人认识中国制造，让自己被世界认可。先进的科技、精益求精的态度、令人惊叹的制造速度、全体员工的敬业态度，让外国人吃惊，让世界佩服，让消费者信服。凌敏始终坚持发展民族产业，在巨大的困难面前，在外国企业施加的压力之下，仍然坚持自己的原则，从容以对，不断前行。海尔企业的成功是商界的一个奇迹，是民族的骄傲。我们从中看到中华民族优秀儿女伟大的爱国主义精神、坚定的民族志向和高尚的职业道德。我们应立志为祖国的繁荣、社会的进步贡献自己的力量，实现人生价值。"有的同学认识到，海尔企业的成功得益于理想信念的推动。他说："海尔企业能从一个小小的冰箱厂，发展成为国际知名的大公司，靠的是什么？靠的是要为中国打造世界知名品牌的理想信念。就是在这种崇高的理想信念的推动下，他们大胆尝试，不沉浸在已有的成绩中，最终取得成功。海尔企业一路走来，遇到过因资金短缺而使工程即将停工的窘况，遇到过外资企业设置的以极具诱惑的条件进行并购的陷阱，遇到过在维持安稳现状和冒险扩大生产规模中作出抉择。理想的实现是漫长的、艰巨的、曲折的。这就需要我们有坚定的决心、顽强的意志。在为实现理想而学习时，我们也会陷入低谷，产生困惑，但不能因此而放弃努力，而应在实践中总结经验。在身处顺境时，抓住机遇，不断充实与完善自己；在身处逆境时，加倍努力，将压力变为动力。"有的同学评价这部电影带给自己许多启示。他说："那的确是一部振奋人心、充满创业激情的电影。在影片中，凌敏的那句话给我留下了深刻的印象，那就是，既然找到了路，就不要怕路远。总之，这门课程不仅消除了我的困惑，还给予我很多启示。感谢这门课程。"

（3）其他课程的教师敦促、伟人榜样、格言警示等起辅助作用

在帮助大学生转换、确立理想方面，其他课程的教师敦促、伟人榜样、格

言警示等起着辅助作用。这种辅助作用具体包括其他课程的教师、辅导员、家中长辈等的敦促作用，名人、伟人、英雄人物的榜样作用，格言、广告词的警示作用。各种辅助作用的发挥，皆以思想道德修养与法律基础课程的开设为基础。

其一，其他课程的教师、辅导员、家中长辈等的敦促作用。

有的同学在谈到其他课程的教师对自己的指导作用时说："入学后的第一堂微积分课上，老师将'追求卓越、拒绝平庸'这行字极为醒目地展示在演示文稿软件（PPT）上。经历了六月的高考，我们确实有一些疲劳。因此，在刚进入大学的那段时间，我们暂时遗忘了何为卓越，怎样追求卓越；何为平庸，怎样拒绝平庸。此时，大脑中尘封的记忆突然被唤醒，一个响亮的声音在耳边回荡，即坚定理想与信念！"有的同学谈道："进入大学，我发现老师并未设置'跳高'这个项目，因此我终日在束缚自己的'沙坑'里逛着。直到有一天，新生教育课的授课老师说，大学里有浩瀚的图书资料和先进的仪器设备，同学们需要阅读相关知识、掌握自主学习的方法。这时我才意识到自己的生活圈子已经被拓展。但是，这一切来得太突然，让我措手不及。懵懵懂懂的我只能小心翼翼地把一只脚伸出'沙坑'。"

有的同学则谈到辅导员对自己的告诫："曾经有一位辅导员告诉我，我们现在要做的，就是把考研当中考、考博当高考，一切汗水与辛劳都将让我们拥有不悔的人生。对这些话，我铭记在心。"

有的同学谈到父亲对自己的教育："从小父亲就教育我树立远大理想，因为理想信念是人的心灵世界的核心。有无理想信念及理想信念坚定与否，决定了人生是高尚充实，还是庸俗空虚。"

其二，名人、伟人、英雄人物的榜样作用。

同学们谈到古人司马迁、开国元勋周恩来、改革先锋孔繁森、地质学家李四光、数学家华罗庚、世界著名科学家钱学森、精英人物张瑞敏等人物对自身树立理想信念起到很大的榜样作用。

有的同学认为："古今中外，无数英雄豪杰之所以能在困难的条件下成就伟业，是因为他们胸怀崇高的理想信念、拥有披荆斩棘的动力。"

有的同学谈到古人司马迁，说："西汉史学家司马迁不正是在逆境中发愤，从而编著《史记》的吗？"

有的同学谈到开国元勋周恩来，说："周总理自少年时就立下了为中华崛起而读书的宏伟志向。可见，我们只有珍惜年华、刻苦学习、磨炼意志，才不会迷失自我、迷失方向，才能为祖国的繁荣富强贡献力量。"

有的同学谈到地质学家李四光、世界著名科学家钱学森等，说："那些在事业上取得伟大成就、为人类发展作出卓越贡献的人，都在青年时期立下了鸿鹄之志，并为之坚持不懈、努力奋斗。例如，李四光、钱学森等老一代知识分子立志用自己的聪明才智报效祖国。"

有的同学谈到数学家华罗庚先生，说："华罗庚先生说过，雄心壮志只能建立在踏实的基础上，否则就不叫雄心斗志。雄心斗志需要有步骤地，一步步地，踏踏实实地去实现，一步一个脚印，不让它有一步落空。"

有的同学谈到改革先锋孔繁森，说："无数中华优秀儿女为了伟大的人生目标而牺牲自己，救国人于水火之中。孔繁森之所以被世人尊敬，是因为他将一腔热血甚至生命，奉献给了西藏，奉献给了党的事业。可见，我们只有树立了正确的价值观、人生观、世界观，才会有正确的人生目标和人生态度，才能活得精彩！"

有的同学谈到精英人物张瑞敏，说："凡举大事者，必忧国忧民；凡集大成者，必兼济天下。例如，企业家张瑞敏立志复兴民族工业。"

其三，格言、广告词的警示作用。

格言、广告词往往成为大学生树立理想信念的座右铭。有的同学说："中华优秀传统文化中有许多名言警句。例如，孔子的'三军可夺帅也，匹夫不可夺志也'；墨子的'志不强者智不达'。"有的同学说："冰冻三尺，非一日之寒。"还有的同学谈道："鲁迅说，伟大的成绩和辛勤劳动是成正比例的，有一分劳动就有一分收获，日积月累，从少到多，奇迹就可以创造出来。"

5.2.3 自身因素对大学生理想信念形成的补充作用

在大学生转换、确立理想方面，自我反思、自我教育、自我领悟也扮演着重要角色。可以看出，自身因素对大学生理想信念形成具有补充作用。

（1）自我反思

在不断的学习和思考中，部分同学意识到理想信念的重要性。

有的同学说："通过对相关知识的学习，我认识到我缺少对人生的整体规划。一个没有理想的人，会碌碌无为一辈子，于是我花了两个星期来思考这个问题。"

有的同学则花了更长的时间来理解理想的实现是一个持之以恒的过程："这样的状态持续了好长一段时间，直到有一天，我认识到自己只记得'志当存高远'，而忘了'千里之行，始于足下'。现在我明白了，理想之所以为理想，是因为它不等同于现实，不是立即可以实现的。假如理想与现实完全等同，那么理想的存在就会变得毫无意义。一般来说，理想越高远，它的实现就越困难，需要的时间就越长。理想实现的长期性、艰巨性和曲折性是对我们毅力和信心的考验，我们必须对此做好充分的思想准备。在理想实现的征途中，必然伴随着坎坷与挫折，我们应当抱着'立志须躬行'的态度，从小事做起，从现在做起，持之以恒。"

（2）自我领悟

有的同学说："在逐渐深入的学习中，我领悟到理想的真谛。"有的同学则在反思中，找到自己陷入痛苦的原因，那就是缺乏理想："每个夜晚，当一切嘈杂归于平静，我开始质问自己，为什么会出现这种状况呢？这样的生活显然不是我想要的，但我究竟想要什么样的生活呢？我终于发现，之所以会陷入这痛苦的泥沼，是因为我缺少对人生的规划与展望，缺少能作为动力的人生追求——理想。"还有的同学领悟到，要对自己、别人及社会负责。她说："不行，我不能再这样混下去了，我应该对自己负责，对别人负责，对社会负责。"

（3）自我教育

有的同学在经历挫折后进行了自我教育，找准了自己的目标。他谈道："一次次失败、一次次挫折，让我伤心、流泪。通过自我批评和原因分析，我重塑了信心，用乐观的心态确定了更加客观的目标。"

5.3 影响大学生理想信念形成的负面因素

影响大学生理想信念形成的负面因素主要包括社会环境的负面影响、理想信念教育的相对滞后、身心发展不成熟。

5.3.1　社会环境的负面影响

社会环境的负面影响主要体现在以下几个方面：

（1）西方价值观的负面影响

在经济全球化的背景下，西方敌对势力一直妄图对我国进行意识形态的渗透，妄图把高校作为重点和突破口。他们通过各种渠道，利用各种机会，传播西方价值观，如新自由主义、后现代主义、极端个人主义、拜金主义、享乐主义等，影响大学生弘扬民族精神和培育国家认同感。大学生思维活跃、接受能力强、信息来源渠道相对较多，加之部分大学生忽视政治理论学习，缺乏是非辨别能力，出现多元化的价值取向，这就容易使这部分大学生形成扭曲的价值观，迷失自我，动摇甚至缺失理想信念。

（2）市场经济的负面影响

社会主义市场经济体制在我国的建立和完善，不但极大地推动了我国的经济发展和社会进步，而且对大学生树立正确的理想信念具有一定的促进作用，如弘扬自立自强精神、强化竞争拼搏意识、培养求真务实作风等。但市场经济是把双刃剑，是效益经济，重视利益驱动、强调个人利益的追求、遵循等价交换原则，这直接或间接地影响大学生的人生价值取向。等价交换原则是市场经济的活力所在，但如果其全面介入人们的生活，就容易使人们将"一切向钱看""有钱就是幸福""只有向钱看才能向前看"作为生活的信条，导致拜金主义、享乐主义等思想滋长蔓延，使部分大学生热衷谈恋爱、吃喝玩乐，不讲奉献只讲索取。

（3）网络环境的消极影响

网络在给大学生带来便利的同时也带来消极影响。各种各样的信息大量充斥网络，而互联网络在审核和把关方面存在漏洞，因此真实信息与虚假信息、有害信息与无害信息、合法信息与非法信息混杂在一起，必然影响大学生的理想信念和价值观，导致部分鉴别能力较差的大学生难以作出正确的判断。

5.3.2　理想信念教育的相对滞后

（1）理想信念教育未能完全做到以人为本

在理想信念教育方面，目标定得过高。这样的理想信念教育未能完全做到以人为本，忽略了理想信念教育的层次性。我们首先应该承认大学生的生活理想和职业理想是基础的个人理想，然后引导大学生把中国特色社会主义共同理想和共产主义远大理想结合起来。

（2）理想信念教育内容抽象

高校思想政治理论课如果只局限于介绍书本中的理论，而把理想信念教育等同于知识教育，较少对现实进行分析，未能将理论与实际紧密联系起来，就会使得教育内容过于抽象。虽然在课堂上，大学生接受了理想信念教育，但是在课后，当他们看到与自己所接受的理想信念教育有差异的社会现实时，当他们无法用自己所学的理论知识解决现实问题时，就产生了矛盾、疑惑的心理，使得理想信念教育收效甚微。因此，我们要避免理想信念教育内容过于抽象，要结合社会现实，提升大学生的辨别分析能力。

（3）理想信念教育方法单一

这突出表现为教师在课堂上枯燥地传授理论知识，而同学们并不感兴趣。因此，高校思想政治理论课教师要改变这种传统的教育方式，采用多种教育教学方法，如课堂讨论、案例教学、影视教学等，并且鼓励其他课程教师加入理想信念教育的队伍。

5.3.3　身心发展不成熟

大学生的身心发展不够成熟体现在如下几个方面：心理素质有待增强，价值观、人生观、世界观的树立还需得到正确引导；他们追求个性，却缺乏辨别能力，易于接受外来思想，急需增强耐挫折能力和实践能力。他们还未打牢理论基础，又忽视政治学习，对中国特色社会主义共同理想及共产主义远大理想理解得不够深刻，因此在理想信念方面存在动摇、缺失的现象。

6 新时代大学生理想信念教育基本思路

理想信念教育是指教育和引导受教育者确立并坚定理想信念的活动，具体来说，就是一定的阶级、政党、社会群体等，遵循人们的理想形成发展规律和理想教育规律，通过对成员施加有目的、有计划、有组织的影响，使其确立并自觉实现符合阶级、政党要求及社会发展规律和现实需要的理想。狭义的理想信念教育，主要是指学校理想教育，即学校对青少年、儿童开展的理想教育活动。加强新时代大学生理想信念教育包括优化新时代大学生理想信念教育环境、遵循新时代大学生理想信念教育原则和改善新时代大学生理想信念教育方法。

6.1 优化新时代大学生理想信念教育环境

从质性分析中我们可以得知，环境因素对大学生理想信念形成具有启迪作用，因此我们要重视优化国内环境、高校文化环境、高校网络环境、家庭环境，营造新时代大学生理想信念教育的良好氛围。

6.1.1 优化国内环境

优化国内环境对优化新时代大学生理想信念教育环境具有导向作用。这里的国内环境是指校园以外的环境，是社会的大环境。

国内环境中的各种客观现实事物直接地、不断地映射到大学生的头脑中，成为他们理想信念形成的主要来源和认知基础。这些每天映射到头脑中的各种客观现实事物对大学生理想信念形成的影响是决定性的而且是第一位的。当今社会，大学生与国内环境的接触日益频繁，国内环境对大学生理想信念形成的影响也越来越大。这就要求我们必须把新时代大学生理想信念教育与优化国内环境紧密地结合起来，重视国内环境对新时代大学生理想信念教育的影响，及时对这种影响作出选择和进行调节，即充分利用国内环境中的有利影响，弱化国内环境中的不良影响，着力清除国内环境中的不健康因素，尽力净化和优化国内环境。优化国内环境，我们应从以下几个方面着手：

（1）优化政治环境

政治环境是指政治意识、政治制度、政治设施、政治体制等因素的总和。政治环境对大学生理想信念的形成和发展有重要的影响。充分发挥中国特色社会主义制度的优越性能极大地坚定大学生的理想信念。安定团结的政治环境能够强化新时代大学生理想信念教育效果。我们要深化经济体制改革，加强社会主义民主法治建设，推进党风廉政建设工作，巩固和发展生动活泼、安定团结的政治局面。

（2）优化经济环境

经济环境即社会生产力、生产关系及人们的物质生活状况的总和。经济环境是我们开展新时代大学生理想信念教育面临的重要环境，经济环境影响大学生的思想观念、生活方式等，因此优化经济环境是优化新时代大学生理想信念教育环境的基础。优化经济环境，就要坚持以习近平经济思想为指导，解放和发展生产力，坚持和完善社会主义基本经济制度，防止市场经济"趋利性"影响大学生树立正确的理想信念。

（3）优化文化环境

文化环境包括一定社会的民族心理、风俗习惯及思维方式等。优化文化环境对大学生树立正确的理想信念起着关键作用。由于处于社会群体中的个人，其思想认识及行为方式会受到社会风俗习惯、社会舆论等的影响，因此文化环境影响个体价值观、人生观和世界观的形成，影响个体理想信念的树立。我们必须坚持马克思主义在意识形态领域的指导地位，深入开展习近平新时代中国特色社会主义思想学习教育，弘扬中华优秀传统文化。中国共产党第十九届中央委员会第六次全体会议审议通过的《中共中央关于党的百年奋斗重大成就和历史经验的决议》中指出："要坚持用习近平新时代中国特色社会主义思想教育人，用党的理想信念凝聚人，用社会主义核心价值观培育人，用中华民族伟大复兴历史使命激励人，培养造就大批堪当时代重任的接班人。要源源不断培养选拔德才兼备、忠诚干净担当的高素质专业化干部特别是优秀年轻干部，教育引导广大党员、干部自觉做习近平新时代中国特色社会主义思想的坚定信仰者和忠实实践者，牢记空谈误国、实干兴邦的道理，树立不负人民的家国情怀、追求崇高的思想境界、增强过硬的担当本领。要源源不断把各方面先进分子特别是优秀青年吸收到党内来，教育引导青年党员永远以党的旗帜为旗帜、以党的方向为方向、以党的意志为意志，赓续党的红色血脉，弘扬党的优良传统，在斗争中经风雨、见世面、壮筋骨、长才干。要源源不断培养造就爱国奉献、勇于创新的优秀人才，真心爱才、悉心育才、精心用才，把各方面优秀人才集聚到党和人民的伟大奋斗中来。"

6.1.2 优化高校文化环境

优化高校文化环境对优化新时代大学生理想信念教育环境具有关键作用。高校环境是对大学生成长产生直接影响的环境，也是大学生生活时间最长的环境。因此，优化高校文化环境，为大学生提供树立崇高、科学理想信念的土壤，对增强新时代大学生理想信念教育效果具有重大现实意义。

校园文化是一种特殊的社会文化，是师生在特定的环境中创造的与社会、时代密切相关的，具有校园特色、校园精神的人文氛围。它包括学习风气、校内的舆论导向、人际关系、道德风尚、集体活动、校园的整治等。校园文化能对人的思想观念、思维方式、精神状态、心理素质、行为方式和价值取向进行显性与隐性的塑造，是新时代大学生理想信念教育中不可缺少的重要内容。因此建设积极健康的高校文化环境，是新时代大学生理想信念教育中非常重要的环节。

在高校文化环境建设中，我们应坚持以社会主义文化、中华优秀传统文化为主体，以社会主义核心价值观引领文化建设，围绕举旗帜、聚民心、育新人、兴文化、展形象的使命任务，提倡高品位、高格调的文化内容和形式，深入持久地进行正面积极的宣传，并且以契合大学生发展特点的方式引导他们正确理性地看待各种社会问题，及时准确地表彰校园内外的优秀人物和事迹，发挥榜样的示范引领作用，为大学生树立崇高的理想信念营造优良环境。

我们要利用各种机会开展坚定大学生理想信念的活动，形成良好的校园文化氛围。比如，播放电影，举办阅读活动、演讲比赛、讨论会、讲座等。我们要将媒体宣传作为开展新时代大学生理想信念教育的重要渠道，如设立校园有线电视台、校园广播站、宣传窗、黑板报等。此外，我们可以面向全校学生开设人文知识选修课，提高学生的人文素养。人文素养是理想信念形成的精神基础。人文素养的提高，带给人们的不仅有知识的补充、思维的更新，更有综合能力的提升。

6.1.3 优化高校网络环境

优化高校网络环境对优化新时代大学生理想信念教育环境具有补充作用。信息技术的高速发展，使现代社会进入智能化时代，深刻地改变了大学生的思维、学习和生活方式，影响着大学生理想信念的形成和发展。优化高校网络环境可以从以下几方面入手：

（1）建立完备的网络监控系统

互联网的开放性和隐蔽性，导致网络信息参差不齐。网络中既有大量进步、健康、科学和有益的信息，也有不少反动、迷信、色情和虚假的信息，这些内容都造成了网络环境的污染，并无时无刻地影响着人们的认识，侵蚀着人们的灵魂。我们应当加强对网络信息的监控与引导，阻止不良信息进入高校，以达到净化网络环境的目的。与此同时，我们要引导大学生树立正确的网络观念、提升鉴别网络信息的能力。

（2）建设高质量的新时代大学生理想信念教育网站

建设高质量的新时代大学生理想信念教育网站有助于我们利用网络空间的开放性、平等性、及时性、丰富性拓展新时代大学生理想信念教育空间和拓宽新时代大学生理想信念教育渠道，使新时代大学生理想信念教育能在更加广阔的虚拟空间开展。在新时代大学生理想信念教育网站的建设中，我们要充分利用网络技术的优势，使新时代大学生理想信念教育的内容形态从平面化走向立体化，从静态走向动态，从现实时空走向虚拟时空，让新时代大学生理想信念教育的内容变得丰富而全面，使新时代大学生理想信念教育网站成为集舆论宣传、思想交流、提供服务、提升素质于一体，寓教于网，具有较强互动功能的网上精神家园，成为服务大学生成长成才的平台。此外，我们应尽快组织有关专家开发具有时代特点的，有较强感染力、影响力、吸引力的新时代大学生理想信念教育软件。我们要精心设计内容，讲求"春风化雨""润物无声"，变"灌输式"教育为"渗透式"教育，充分发挥隐性教育的作用，将严肃的宣传主题以生动形象、学生喜闻乐见的形式表现出来。

6.1.4　优化家庭环境

优化家庭环境对优化新时代大学生理想信念教育环境具有基础作用。一个人在出生后，首先接触的便是家庭环境。家庭是人生的第一课堂，是一个人学习和生活的重要场所，家庭成员尤其是父母的理想信念会影响大学生理想信念的树立，因此家庭环境的优化非常重要。优化家庭环境，必须做到以下两点：

（1）父母应提高思想道德素质，树立科学理想信念。父母作为子女的启蒙教师、终身教师，他们的言行、思想观念会有形或无形地影响孩子的言行、思想观念。尤其是在子女幼小的时候，父母的言传身教对子女的理想信念的树立有直接甚至决定性的影响。因此，父母必须不断提高自己的思想觉悟和文化素养，树立正确的理想信念，以充分发挥家庭的育人功能。

（2）父母应重视对子女的理想信念教育

在现实生活中，父母对子女的理想信念教育不容乐观。对于社会理想，家长一般很少提及，这造成大学生对社会理想认识不足。在道德理想方面，在社会竞争如此激烈的背景下，许多家长渴望子女成长成才，往往只关心孩子的学习成绩，而对品德养成较少关注，这就造成个别大学生道德理想缺失。在职业理想方面，家长对子女的职业理想的树立起制约作用，这具体表现为子女在升学填报志愿时和毕业后选择职业时大多根据家长的意愿行事。在生活理想方面，家长对子女的生活理想的树立起指导作用和示范作用。家长应关心子女的全面发展，帮助子女形成正确的理想信念，而不应只重视智育、只追求高分。

总之，父母应从自身做起，坚定正确的立场，重视对子女进行理想信念教育。

6.2 遵循新时代大学生理想信念教育原则

从大学生理想信念形成影响因素结构方程模型中，我们得知高校教育对大学生理想信念形成有间接影响；从大学生理想信念形成影响因素个案质性分析中，我们得知教育因素对大学生理想信念形成有直接作用。因此，我们要重视新时代大学生理想信念教育，尤其要遵循新时代大学生理想信念教育原则。遵循新时代大学生理想信念教育原则包括坚持主体性与针对性相统一、坚持长期性与近期性相统一、坚持先进性与广泛性相统一、坚持理论性与现实性相统一。

6.2.1 坚持主体性与针对性相统一

遵循新时代大学生理想信念教育原则首先要坚持主体性与针对性相统一。

所谓主体性，是指在由教育者、受教育者、教育环境等组成的育人系统中，作为受教育主体的大学生在教师引导下，接受理想信念教育时所表现出来的特性，具体表现为自主性、能动性、选择性和创造性。

大学生有较强的主体意识，他们对各种事物有自己独到的看法。反观传统的教育，教师常以自我为中心，把自己置于较高的地位，而把大学生置于较低的地位。这种地位之差，容易使大学生得不到应有的尊重，引起大学生的反感和抵触。教育者和受教育者之间的这种交往方式是一种不平等的交往方式。

主体性要求教师在平等的基础上开展新时代大学生理想信念教育，师生应相互理解、相互包容、相互尊重。在新时代大学生理想信念教育中，教师应把大学生当作认识活动和实践活动的主体，结合他们的身心发展特点和理想信念形成规律，设计教学内容和方法，引导大学生充分发挥自身的自主性、能动性、选择性和创造性，帮助大学生提升自我教育的能力。教师尤其要注重培养大学生的自主发展、自主选择、自主评价、自我控制能力，发掘他们的潜能，让他们主动参与教学，提出自己的观点和看法。这样既调动了大学生的积极性，锻炼了大学生的思维能力，又有助于大学生坚定理想信念，从而使新时代大学生理想信念教育取得良好的效果。

所谓针对性，是指必须根据时代特点，认真分析大学生理想信念教育的时代要求和大学生的特殊性，针对大学生的思想认识特点和接受规律，寻找新时代大学生理想信念教育的新思路和新对策。

过去我们虽然对理想，尤其是社会理想宣传得较多，但忽视了大学生个体的生活实际和思想实际，造成部分大学生对理想信念教育不接受。大学生有独特的个性、思想及知识接受方式，我们要认真分析不同学生的不同情况，分别加以对待，将新时代大学生理想信念教育的内容进行必要的转化和细化，引导大学生树立正确的理想信念。

首先，教师应认清大学生群体与社会群体的差异，有针对性地开展新时代大学生理想信念教育。大学生是一个特殊的群体，其行为和心理都有许多不同于其他社会群体的特点。由于大学生易于接受新鲜事物，且其理想信念一旦形成就难以改变，因此教师必须关注大学生的思想特点和发展实际。

其次，教师应针对持有不同观念的大学生，采用不同的新时代大学生理想信念教育手段。每个大学生都有其独立的思想、观念体系，因而，我们要针对大学生的不同情况，分别对待，引导他们树立正确的理想信念。

6.2.2 坚持长期性与近期性相统一

遵循新时代大学生理想信念教育原则要坚持长期性与近期性相统一。

理想信念不是天生的，也不是一成不变的，它的确立有一个产生、发展、变化的过程。人类社会是在不断变化的，人们的思想必然会随之变化。在世界多极化、经济全球化、文化多元化的大背景下，人们的思想观念、行为方式等都在发生极大的变化。这些变化极易造成大学生理想信念确立的无所适从和理想信念选择的错误。

科学理想的实现具有长期性、艰巨性和曲折性的特点。从没有理想到树立理想，这是一个思想萌动、渐进积累的过程，是一个由长时间的茫然到豁然开朗的过程。理想信念的树立对一个人有巨大的感召力。

理想信念的树立不可能一蹴而就。高校必须针对这些特点，改变急功近利、一劳永逸的思想，不要妄想通过一项工作和一个活动就解决新时代大学生理想信念教育问题。高校应坚持长期性与近期性相统一，坚持不懈地对大学生进行理想信念教育。

6.2.3 坚持先进性与广泛性相统一

遵循新时代大学生理想信念教育原则要坚持先进性与广泛性相统一。

对大学生中的先进分子，教师要始终教育他们树立中国特色社会主义共同理想，并以实现共产主义远大理想为最高理想；对广大的普通大学生而言，教师既要要求他们坚定中国特色社会主义共同理想和共产主义远大理想，也要考虑他们的思想觉悟及接受能力，即要求不能提得太高，如侧重宣传中国特色社会主义共同理想，引导树立正确的社会理想和个人理想（道德理想、生活理想和职业理想）。教师既应重视对普通大学生开展理想信念教育的广泛性要求，又不能忽视和放弃先进性要求。在新时代大学生理想信念教育过程中，教师要注意不能对先进性群体和一般性群体完全区别对待，即只对前者进行先进性教育，只对后者进行一般性教育，而应视群体的不同采取有所侧重的方式。

新时代大学生理想信念教育之所以要坚持先进性与广泛性相统一，是因为：第一，教育对象在道德素质和思想觉悟上的差异决定了我们必须在新时代大学生理想信念教育中坚持先进性与广泛性相统一。教育对象的家庭环境、文化程度及主观努力程度不同，其道德素质和思想觉悟就不一样，其对社会理想、道德理想、生活理想、职业理想的追求也就不一样。因此，教师在对道德素质和思想觉悟不同的大学生群体开展理想信念教育时，应有不同的要求，要体现出先进性和广泛性的结合。第二，大学生的不同政治面貌要求我们在新时代大学生理想信念教育中坚持先进性与广泛性相统一。大学生中，既有共产党员，又有共青团员，还有群众。共产党员是大学生中的先进分子，起着榜样和导向作用；共青团员是大学生中的主体，是党的助手和后备军，是积极分子。对共产党员和共青团员的理想信念教育应旗帜鲜明地体现出先进性，以实现共产主义远大理想为最高理想；而对群众侧重开展广泛性教育。

在新时代大学生理想信念教育中，我们必须坚持先进性与广泛性相统一，不能把两者割裂开来，更不能对立起来，应注意以下两个方面：

（1）先进性是广泛性的提升和发展目标

新时代大学生理想信念教育的先进性代表了新时代大学生理想信念教育的方向和水平，对新时代大学生理想信念教育的广泛性起着导向作用。

（2）广泛性是先进性的基础

要达到新时代大学生理想信念教育的先进性要求必须首先满足新时代大学生理想信念教育的广泛性要求。

只讲先进性，而不讲广泛性，不仅会使新时代大学生理想信念教育脱离实际，而且会使新时代大学生理想信念选择缺乏科学的引导。相反，只讲广泛性，而不讲先进性，不仅会挫伤先进集体和个人的积极性，而且会使广泛性的标准和要求因缺乏先进性的指引而降低。先进性和广泛性是相对而言的。随着人类社会的发展，先进性可以随着生产生活的进步而转变为广泛性。

6.2.4 坚持理论性与现实性相统一

遵循新时代大学生理想信念教育原则要坚持理论性与现实性相统一。

新时代大学生理想信念教育必然离不开理论教育，科学理论是大学生坚定理想信念的基础。马克思指出："理论只要说服人，就能掌握群众；而理论只要彻底，就能说服人。"因此，高校在对大学生进行理想信念教育的过程中，必须不断丰富理论教学内容，按照"学马列要精，要管用"的原则，精选马克思主义原著和相关理论进行教学。教师要着重用科学理论武装大学生的头脑，帮助他们掌握马克思主义基本理论，引导他们掌握马克思主义立场观点方法、学会用马克思主义立场观点方法来分析问题和解决问题、努力提高马克思主义理论素养，帮助他们认识国际共产主义运动发展道路的曲折性、认识资本主义被社会主义所代替的必然性、认识科学社会主义的先进性，从而使他们将理想信念定位于中国共产党的最终奋斗目标上、落实在具体行动上。

当然，除了基础的理论教育外，高校还要进行现实教育。对大学生开展的理想信念教育能否取得实效，在很大程度上取决于教育内容是否贴近社会现实。大道理、大原则即使讲得再多，如果我们忽视了大学生的生活实际和思想实际，也难以在理想信念教育方面取得显著成效。我们要对大学生所关心的社会热点和难点问题、社会上出现的不良现象进行具体、深入、细致的分析和深刻的解答。我们只有将理想信念教育与大学生的生活实际和思想实际相结合，才能大大降低他们在接受理想信念教育时出现逆反心理的可能性，才能把理想信念教育落到实处；我们只有让大学生运用马克思主义立场观点方法分析和解决实际问题，才能使他们充分认识到党的路线、方针、政策的正确性、科学性、合理性，才能意识到自己所肩负的历史使命和责任，从而达到认识自己、锻炼自己、提高自己、完善自己的目的，树立正确的理想信念，成为对社会有用的人，为实现共产主义远大理想贡献自己的力量。

因此，在对大学生进行理想信念教育的过程中，我们要注意把马克思主义理想信念与社会现实、学生思想、生活实际紧密联系起来，把大道理融入小故事之中，使大学生在形象的、具体的典型事件中接受所学的理论，自觉地进行反思、判断，做出选择，确立正确的、科学的理想信念。只有这样，我们才能帮助大学生培养科学的思维方式、掌握辩证分析的方法、提高认识事物和分辨是非的能力、坚定科学的理想信念。

6.3   改善新时代大学生理想信念教育方法

从大学生理想信念形成影响因素个案质性分析中，我们找到改善新时代大学生理想信念教育方法的路径，即将思想道德修养与法律基础教学作为重要渠道、与思想政治理论课教师的言传身教相结合、与大学生的内在需求相结合及与社会实践相结合。

6.3.1   将思想道德修养与法律基础教学作为重要渠道

思想道德修养与法律基础教学是高校开展新时代大学生理想信念教育的重要渠道。思想道德修养与法律基础课程的教学以习近平新时代中国特色社会主义思想为指导，以引导大学生努力成长为能够担当民族复兴大任的时代新人为着眼点，从新时代对大学生的新要求切入，以人生选择→理想信念→精神状态→价值理念→道德觉悟→法治素养为基本线索，逐渐展开对大学生提升思想道德素质和法治素养的分析和探讨，教育和激励大学生有理想、有本领、有担当，勇做时代的弄潮儿，在实现中华民族伟大复兴的中国梦的生动实践中放飞青春梦想，在为人民利益的不懈奋斗中书写人生华章。

从大学生理想信念形成影响因素个案质性分析中，我们看出《思想道德修养与法律基础》教材起主要作用：其一，帮助大学生了解理想信念的长期性、艰巨性、曲折性及理想信念的含义、意义等相关知识。其二，帮助大学生明白理想信念的重要性；其三，帮助大学生找到树立理想信念的方法；其四，帮助大学生认识大学生活，重新确立目标；其五，帮助大学生确立成才目标，学会规划安排未来；其六，帮助大学生走出困惑，找到前进的方向。因此，我们要非常重视《思想道德修养与法律基础》教材。思想道德修养与法律基础课程的开设满足了大学生的内在需求，有助于大学新生消除迷茫、空虚等理想缺失现象。思想道德修养与法律基础课程在帮助大学生再树立、转换、坚定理想信念方面，具有较强的针对性与实效性。

在教学方法和教学手段上，我们应强调优化和创新，最大限度地调动学生的学习积极性。因此，在开展新时代大学生理想信念教育时，我们不能只讲理论，而要运用课堂讨论、案例教学、影视教学等方法，使教育方式多样化、现代化，使严肃的教育变得生动形象，使相关知识以春风化雨、润物无声的形式入脑入心，激发大学生的学习热情，让大学生更容易接受科学的理想信念教育。我们还要结合教学实际，研究理想信念相关学说、发展理想信念相关理论，把了解的情况、证实的结果，反馈到课堂上。

此外，其他思想政治理论课是高校开展新时代大学生理想信念教育的有利渠道。高校要整合思想政治理论课开展新时代大学生理想信念教育，就要系统介绍马克思主义基本原理，引导大学生正确认识人类社会发展规律，认识到国家的前途命运取决于我们每个人的态度与行动，从而坚定中国特色社会主义共同理想和共产主义远大理想，自觉地把个人理想同社会理想结合起来，在新时代里进行伟大斗争、建设伟大工程、推进伟大事业、实现伟大梦想。

6.3.2 与思想政治理论课教师的言传身教相结合

思想政治理论课教师的言传身教是高校开展新时代大学生理想信念教育的关键。在与学生的相处中，教师都是示范者和榜样，因为一种重要的学习方式就是观察。美国心理学家班杜拉认为，来源于直接经验的一切学习现象实际上都可以依赖观察学习而发生。他把观察学习分为注意、保持、动作复现、动机四个阶段。简单地说，观察学习首先须注意榜样的行为，其次将榜样的行为记在脑子里并加以练习，最后在适当的动机出现的时候表现出来。人类的大量行为都是通过对榜样或示范者的观察而习得的。因此，思想政治理论课教师在教学活动中的言行是影响大学生理想信念形成的主要因素之一。思想政治理论课教师追求远大的社会理想和高层次的个人理想，努力做到言行一致、身体力行，用科学的理想信念去感染和陶冶大学生，通过言传身教形成无声的感召力和示范作用，能够产生事半功倍的效果。

高素质的思想政治理论课教师必须具有较高的政治理论水平和思想觉悟、广博的知识、较强的责任感及爱岗敬业的精神，这些对大学生而言，最有说服力、感染力。高校要大力加强思想政治理论课教师队伍建设，采取切实措施，保证思想政治理论课教师在业务上过硬，在思想上更过硬。高校要及时宣传表彰在教书育人中做出突出成绩的先进个人，对理想信念不坚定、道德素质不高的个别人要及时清理出教师队伍。广大思想政治理论课教师要牢记嘱托、勇担使命、履行职责，自觉做到坚定崇高的理想信念，切实承担起培养社会主义事业建设者和接班人的重任。高校要完善思想政治理论课教师的培养、选拔和管理机制，要加强培养思想政治教育工作专门人才，实施思想政治教育队伍人才培养工程，要创造条件，提高思想政治理论课教师解决实际问题的能力，帮助他们增长做好思想政治教育工作的才干。

6.3.3　与新时代大学生的内在需求相结合

新时代大学生理想信念教育应当满足大学生的内在需求，并且激发大学生树立和实现理想的内在动力，这是新时代大学生理想信念教育的根本。大学生对理想信念的渴望与向往，源于他们的成长成才需要和价值判断。这种需要和判断，来自大学生对现实生活的体会。在新时代大学生理想信念教育中，教师要坚决避免只强调树立共产主义远大理想，而忽视大学生的现实需求和个人理想，导致教育脱离实际；同时要避免只强调适应性教育、一味迎合部分大学生的急功近利等心理、随意降低教育标准。

科学的理想信念能满足大学生的内在需求，得到他们的拥护和认同，并激发他们努力学习的兴趣和动力，从而使他们将理想信念内化于心、外化于行。事实证明，新时代大学生理想信念教育只有与受教育者自身的需求相结合，才能产生较好的效果。在对大学生进行理想信念教育时，我们要把握他们的思想脉搏，了解他们的真实需求，激发他们树立科学理想信念的内在动力，这样才能做到有的放矢。

6.3.4　与社会实践相结合

提供社会实践平台是高校开展新时代大学生理想信念教育的重要环节。理论学习只为大学生树立理想信念提供认知条件，只是基础和前提，而理想信念的发展取决于大学生的自身体验和思考。理想信念是在社会实践中形成的。因此，理论学习是前提，社会实践是根本。科学的理想信念的树立要着眼于理论的实际运用，着眼于社会实践活动的开展。新时代大学生理想信念教育必须引导大学生以多种方式接触社会、了解社会，必须改变从书本到课堂、从课堂到书本的陈旧模式，使大学生到实践中去认识、感受、检验真理。这种实践→认识→再实践的循环学习模式能使大学生认知社会，获得真实的体验，最终成为胸怀远大理想的人。

社会实践是理想信念形成的基础，理想信念的性质、稳定性及树立方式，都与社会实践的具体情况密切相关。对理想信念正确性的判断也只能在社会实践中进行，并由实践提供标准。倘若大学生仅仅认识了真理，而不将其应用于实践，那么认识还是认识，理想信念也并未确立。大学生只有在实践中不断获得对理想信念的肯定性认识，才能坚定不移地前行。社会实践是检验理想信念坚定与否的唯一标准。高校要积极开展社会实践活动，增强大学生的社会责任感和奉献意识，弘扬艰苦创业、开拓进取的奋斗精神。

大量经验告诉我们，大力开展社会实践活动，有助于大学生磨炼意志，是增强新时代大学生理想信念教育效果最直接、最生动的方式。大学生大多较少参加社会实践活动，相对远离社会，因此高校应积极开展形式多样的社会实践活动，让他们深入社会，只有这样，才能使他们真正了解到自己肩负的历史使命和社会责任，亲身体验到改革开放以来我国所取得的巨大成就，充分认识到党的路线、方针、政策的正确性、科学性和合理性，进而坚定崇高的理想信念。

社会实践活动形式应当多种多样。比如，高校可以组织大学生到沿海城市、工矿企业、农村进行社会调查，用祖国日新月异的变化引导大学生认识社会、了解改革开放，从而更加坚定中国特色社会主义共同理想和共产主义远大理想；组织大学生参观伟人故居、历史博物馆、烈士纪念馆、革命展览馆，瞻仰伟人遗迹，使大学生以伟人、英雄为楷模，自觉树立科学的理想信念。

当然，在社会实践活动中，大学生所看到的人和事，有先进的，也有落后的；有正面的，也有负面的；有积极的，也有消极的。这些都会对他们产生积极或消极的影响，因此，高校应对大学生的社会实践活动加强正面引导，反对放任自流，要让大学生提升辨别与判断是非的能力、锻炼抵制和批判社会上某些低层次理想信念的能力。

总之，加强新时代大学生理想信念教育要做到优化新时代大学生理想信念教育环境、遵循新时代大学生理想信念教育原则及改善新时代大学生理想信念教育方法。唯有做到基本的这几点，新时代大学生理想信念教育才能取得实效。

参考文献

[1] 张耀灿，郑永廷，吴潜涛，等. 现代思想政治教育学 ［M］. 北京：人民出版社，2001：6.

[2] 张耀灿，郑永廷，吴潜涛，等. 现代思想政治教育学 ［M］. 北京：人民出版社，2001：151.

[3] 张岱年. 中国哲学大纲 ［M］. 北京：中国社会科学出版社，1982：254-255.

[4] 车吉心，任孚先. 扬起生命的风帆 ［M］. 济南：山东教育出版社，1999：57.

[5] 恩格斯. 路德维希·费尔巴哈和德国古典哲学的终结 ［M］. 北京：人民出版社，2018：232.

[6] 罗国杰. 中国伦理学百科全书：伦理学原理卷 ［M］. 长春：吉林人民出版社，1993：280.

[7] 周中之. 伦理学 ［M］. 北京：人民出版社，2004：279.

[8] 车文博. 当代西方心理学新词典 ［M］. 长春：吉林人民出版社，2001：190.

[9] 李少军. 理想论：对一个马克思主义哲学范畴的研究 ［M］. 北京：中央编译出版社，2000：33.

[10] 张清明. 理想教育与理想实践 ［M］. 成都：四川大学出版社，2005：23.

[11] 彭定光. 理想论 ［M］. 北京：中国青年出版社，2001：56.

[12] 罗国杰. 理想信念与三观建设 ［M］. 北京：中共中央党校出版社，2000：76.

［13］本书编写组. 思想道德与法治［M］. 北京：高等教育出版社，2021：41.

［14］郑永廷. 现代社会理想的功能发展［J］. 青年探索，1999（5）：33.

［15］邓小平. 邓小平文选：第三卷［M］. 北京：人民出版社，1993：137.

［16］车吉，任孚先. 扬起生命的风帆［M］. 济南：山东教育出版社，1999：110.

［17］本书编写组. 高校学生工作辞典［M］. 南京：江苏人民出版社，1992：92-93.

［18］荆品娥. 论理想结构的要素［J］. 商丘师范学院学报，2003（1）：101-103.

［19］陈录生，马剑侠. 新编心理学［M］. 北京：北京师范大学出版社，1995：149.

［20］曹日昌. 普通心理学：下册［M］. 北京：人民教育出版社，1980：75.

［21］彼得罗夫斯基. 普通心理学［M］. 朱智贤，伍棠棣，等译. 北京：人民教育出版社，1981：473.

［22］彭定光. 理想论［M］. 北京：中国青年出版社，2001：223.

［23］陈向明. 质的研究方法与社会科学研究［M］. 北京：教育科学出版社，2000：12.

［24］罗素. 西方哲学史及其与从古代到现代的政治、社会情况的联系［M］. 何兆武，李约瑟，译. 北京：商务印书馆，1963：153.

［25］卢梭. 社会契约论［M］. 何兆武，译. 北京：商务印书馆，2003：24.

［26］卢梭. 社会契约论［M］. 何兆武，译. 北京：商务印书馆，2003：24.

［27］中共中央马克思恩格斯列宁斯大林著作编译局. 马克思恩格斯全集：第4卷［M］. 北京：人民出版社，2004：218.

［28］卢梭. 爱弥尔［M］. 李平沤，译. 北京：商务印书馆，1978：634.

［29］卢梭. 论人类不平等的起源和基础［M］. 李常山，译. 北京：商务印书馆，1982：126.

［30］中共中央马克思恩格斯列宁斯大林著作编译局. 马克思恩格斯选集：第一卷［M］. 北京：人民出版社，1995：243.

［31］中共中央马克思恩格斯列宁斯大林著作编译局. 马克思恩格斯选集：

第一卷［M］. 北京：人民出版社，1995：286.

　　［32］中共中央马克思恩格斯列宁斯大林著作编译局. 马克思恩格斯选集：第三卷［M］. 北京：人民出版社，1995：631.

　　［33］中共中央马克思恩格斯列宁斯大林著作编译局. 马克思恩格斯选集：第一卷［M］. 北京：人民出版社，1995：286.

　　［34］中共中央马克思恩格斯列宁斯大林著作编译局. 马克思恩格斯选集：第一卷［M］. 北京：人民出版社，1995：288-289.

　　［35］中共中央马克思恩格斯列宁斯大林著作编译局. 马克思恩格斯选集：第一卷［M］. 北京：人民出版社，1995：237-238.

　　［36］中共中央马克思恩格斯列宁斯大林著作编译局. 马克思恩格斯选集：第三卷［M］. 北京：人民出版社，1995：323.

　　［37］中共中央马克思恩格斯列宁斯大林著作编译局. 马克思恩格斯选集：第一卷［M］. 北京：人民出版社，1995：242.

　　［38］中共中央马克思恩格斯列宁斯大林著作编译局. 马克思恩格斯全集：第二十二卷［M］. 北京：人民出版社，1965：243.

　　［39］中共中央马克思恩格斯列宁斯大林著作编译局. 马克思恩格斯选集：第三卷［M］. 北京：人民出版社，1995：305-306.

　　［40］中共中央马克思恩格斯列宁斯大林著作编译局. 马克思恩格斯选集：第一卷［M］北京：人民出版社，1995：294.

　　［41］中共中央马克思恩格斯列宁斯大林著作编译局. 马克思恩格斯选集：第三卷［M］. 北京：人民出版社，1995：330.

　　［42］中共中央马克思恩格斯列宁斯大林著作编译局. 马克思恩格斯选集：第一卷［M］. 北京：人民出版社，1995：87.

　　［43］中共中央马克思恩格斯列宁斯大林著作编译局. 马克思恩格斯选集：第二卷［M］. 北京：人民出版社，1995：33.

　　［44］中共中央马克思恩格斯列宁斯大林著作编译局. 马克思恩格斯全集：第十九卷［M］. 北京：人民出版社，1963：21-23.

　　［45］列宁. 列宁全集：第二十四卷［M］. 2版. 北京：人民出版社，2017：276.

　　［46］克鲁普斯卡娅. 论列宁［M］. 中共中央马克思恩格斯列宁斯大林著

作编译局，译. 北京：人民出版社，1960：182.

[47] 邓小平. 邓小平文选：第三卷 ［M］. 北京：人民出版社，1993：137.

[48] 江泽民. 江泽民文选：第三卷 ［M］. 北京：人民出版社，2006：293.

[49] 习近平. 习近平谈治国理政：第三卷 ［M］. 北京：外文出版社，2020：334.

[50] 邓小平. 邓小平文选：第三卷 ［M］. 北京：人民出版社，1993：190.

[51] 邓小平. 邓小平文选：第三卷 ［M］. 北京：人民出版社，1993：116.

[52] 邓小平. 邓小平文选：第三卷 ［M］. 北京：人民出版社，1993：63.

[53] 邓小平. 邓小平文选：第三卷 ［M］. 北京：人民出版社，1993：98.

[54] 邓小平. 邓小平文选：第三卷 ［M］. 北京：人民出版社，1993：172.

[55] 邓小平. 邓小平文选：第三卷 ［M］. 北京：人民出版社，1993：373.

[56] 邓小平. 邓小平文选：第三卷 ［M］. 北京：人民出版社，1993：314.

[57] 江泽民. 江泽民文选：第二卷 ［M］. 北京：人民出版社，2006：537.

[58] 江泽民. 江泽民文选：第三卷 ［M］. 北京：人民出版社，2006：199.

[59] 江泽民. 江泽民文选：第三卷 ［M］. 北京：人民出版社，2006：560.

[60] 习近平. 习近平在第十三届全国人民代表大会第一次会议上的讲话 ［EB/OL］.（2020-05-15）［2021-03-31］. https://baijiahao.baidu.com/s? id = 1666740369221671713&wfr = spider&for = pc.

[61] 习近平. 关于坚持和发展中国特色社会主义的几个问题 ［EB/OL］.（2019-03-31）［2021-03-31］. https://www.ccps.gov.cn/xxsxk/zyls/201903/t20190331_130683.shtml.

[62] 中共中央马克思恩格斯列宁斯大林著作编译局. 马克思恩格斯全集：第四十六卷（上）［M］. 北京：人民出版社，1979：104.

[63] 中共中央马克思恩格斯列宁斯大林著作编译局. 马克思恩格斯选集：第一卷 ［M］. 北京：人民出版社，1995：85.

[64] 中共中央马克思恩格斯列宁斯大林著作编译局. 马克思恩格斯选集：第一卷 ［M］. 北京：人民出版社，1995：243.

[65] 中共中央马克思恩格斯列宁斯大林著作编译局. 列宁选集：第43卷 ［M］. 北京：人民出版社，1995：80.

[66] 中共中央马克思恩格斯列宁斯大林著作编译局. 列宁全集：第39卷

［M］．北京：人民出版社，1986：29．

　［67］中共中央马克思恩格斯列宁斯大林著作编译局．列宁选集：第4卷［M］．北京：人民出版社，1995：282．

　［68］中共中央马克思恩格斯列宁斯大林著作编译局．列宁选集：第4卷［M］．北京：人民出版社，1995：288．

　［69］毛泽东．毛泽东选集：第5卷［M］．北京：人民出版社，1977：420．

　［70］毛泽东．毛泽东选集：第三卷［M］．北京：人民出版社，1991：1039．

　［71］毛泽东．毛泽东选集：第三卷［M］．北京：人民出版社，1991：1094-1095．

　［72］邓小平．邓小平文选：第三卷［M］．北京：人民出版社，1993：28．

　［73］邓小平．邓小平文选：第三卷［M］．北京：人民出版社，1993：145．

　［74］邓小平．邓小平文选：第二卷［M］．北京：人民出版社，1983：320．

　［75］江泽民．江泽民文选：第三卷［M］．北京：人民出版社，2006：85-86．

　［76］江泽民．江泽民文选：第一卷［M］．北京：人民出版社，2006：239．

　［77］江泽民．江泽民文选：第一卷［M］．北京：人民出版社，2006：370．

　［78］习近平．习近平谈治国理政：第三卷［M］．北京：外文出版社，2020：337．

　［79］中共中央马克思恩格斯列宁斯大林著作编译局．马克思恩格斯选集：第一卷［M］．人民出版社，1995：85．

　［80］中共中央马克思恩格斯列宁斯大林著作编译局．马克思恩格斯选集：第一卷［M］．人民出版社，1995：243．

　［81］陈桂生．马克思主义教育论著研究［M］．上海：华东师范大学出版社，1993：319．

　［82］华东师范大学教育系．列宁论教育［M］．北京：人民教育出社，1990：259．

　［83］徐家林，陈鸣鸣．研究毛泽东职业教育思想对推进我国职业教育发展的意义［J］．职教通讯，2006（12）：15-16．

　［84］邓小平．邓小平文选：第三卷［M］．北京：人民出版社，1993：995．

　［85］邓小平．邓小平文选：第二卷［M］．北京：人民出版社，1983：198．

［86］江泽民. 江泽民文选：第二卷［M］. 北京：人民出版社，2006：198.

［87］江泽民. 江泽民文选：第二卷［M］. 北京：人民出版社，2006：589.

［88］习近平. 习近平谈治国理政：第三卷［M］. 北京：外文出版社，2020：334.

［89］中共中央马克思恩格斯列宁斯大林著作编译局. 马克思恩格斯选集：第一卷［M］. 北京：人民出版社，1995：242.

［90］中共中央马克思恩格斯列宁斯大林著作编译局. 列宁全集：第三十四卷［M］. 北京：人民出版社，1985：468.

［91］中共中央马克思恩格斯列宁斯大林著作编译局. 列宁全集：第一卷［M］. 北京：人民出版社，1984：53.

［92］毛泽东. 毛泽东选集：第一卷［M］. 北京：人民出版社，1991：138-139.

［93］毛泽东. 毛泽东选集：第一卷［M］. 北京：人民出版社，1991：136-137.

［94］邓小平. 邓小平文选：第二卷［M］. 北京：人民出版社，1983：351-352.

［95］邓小平. 邓小平文选：第二卷［M］. 北京：人民出版社，1983：128.

［96］邓小平. 邓小平文选：第三卷［M］. 北京：人民出版社，1993：10-11.

［97］邓小平. 邓小平文选：第三卷［M］. 北京：人民出版社，1993：109.

［98］江泽民. 江泽民文选：第一卷［M］. 北京：人民出版社，2006：621.

［99］江泽民. 江泽民文选：第三卷［M］. 北京：人民出版社，2006：294.

［100］侯杰泰，温忠麟，成子娟. 结构方程模型及其应用［M］. 北京：教育科学出版社，2004：12.

［101］张耀灿. 德育环境三维理论模型及其价值：评《德育环境研究》一书［J］. 思想理论教育导刊，2003（3）：79.